仕事の「質」と
「スピード」が上がる

仕事の順番

田中耕比古

はじめに――「何をどの順番で進めるか」で成果は変わる

「もっと効率よく仕事がしたい」

「もっと成果を出したい」

「仕事がデキる人になりたい」


そんなふうに思っているのなら、ぜひ、本書を最後まで読んでみてください。

「仕事の質やスピードを高めたい」と考えるのは、とても自然なことです。

日々、仕事に取り組むなかで「仕事のやり方」「仕事術」に関する本を読んだり、インターネットで検索してみたり、誰かに相談したり、そういう経験をお持ちですよね。

だからこそ、この本を手に取っていただいたのではないでしょうか。

世の中には、数多くの「仕事のやり方」「仕事術」の情報があふれています。YouTubeでの解説動画や、ＳＮＳで毎日配信される仕事のコツなど、多種多様なノウハウが、皆さんのお手元に届いていることでしょう。では、なぜ、そんなに豊富なコンテンツがあるのに、仕事のやり方に悩む人は減らないのでしょうか。

それは**「仕事の順番」を意識していない**からです。

仕事の順番とは、仕事を行うにあたり、どういう点に気をつけながら、どういう順序で物事を進めていけばいいのかという「基本の型」です。

「仕事がデキる人には、独自のすごいノウハウがある」というのは幻想です。

周りにいる仕事がデキる人、仕事が速い人をよく観察してみましょう。多くの場合、彼らは特別なことをやっていません。基本に忠実かつ着実に仕事をこなしています。

彼らは、仕事の基本の型である「順番」をしっかりと押さえているのです。

「基本を疎かにしない」。これを実直に守っている人が、一番速く、一番確実に成果を出せます。

正しい手順で考え、それに沿って仕事を進められるようになると、仕事のミスやトラブルが圧倒的に減ります。手戻り、つまり、無駄なやり直しが少なくなり、結果として、仕事の「質」と「スピード」が驚くほど上がります。

私自身も、コンサルタントとして働くにあたり、仕事の型を徹底的に叩き込まれてきました。多くのプロジェクトに携わり、そしてそのすべてで、成果を出すことを求められてきました。

特に、戦略系と呼ばれる領域では、常に知らないこと・新しいことに向き合い、正解がない問いに答え続けなければなりません。しかも、数週間から数カ月という限られた時間内で答えを出す必要があります。

そうした状況下では、仕事を効率的に進めなければなりません。また、少しのミスや失敗が致命的な遅れにつながります。

新規事業を考える、営業人員の再配置を計画する、ＩＴ戦略を描く、そうした目的のために業界調査を行い、関係者にヒアリングし、資料にまとめて有識者に確認し、そこで得られた新たな情報をもとに、課題解決の方向性を導き出す。こうした活動を、滞りなく高速に進めるための原理原則を教え込まれたのです。

本書では、私が若手コンサルタントの時代に叩き込まれたノウハウを、その後、20年近くかけて体系化してきた**「成果につながる仕事の順番」**をお伝えしていきます。

まず「ＧＲＡＰＨ（グラフ）」という5ステップの「仕事の順番」をお伝えします。これが、基本の型です。そのうえで、実際の仕事のシーンに則した順番について解説します。具体的には、次のようなものです。

- **重いタスクと軽いタスク、どちらを先に終わらせるべきか？**
- **大量のタスクがあるときに、「先にやるべきこと」は？**
- **会議の生産性を上げるために「会議前にやっておくべきこと」とは？**
- **上司への質問の前に、何をすれば生産性が上がるのか？**
- **部下のミスに対処する際に、気をつけるべき順番とは？**
- **チームとして仕事の成果を上げるための「仕事を振る」順番とは？**

「何を、どの順番で、進めるか」を意識するだけで、仕事の効率や生産性は大きく変わります。本書が、仕事の生産性向上の一助となれば著者としてこれほど嬉しいことはありません。

田中耕比古

第1章

仕事ができない人は何が間違っているのか？

第2章

仕事を進める基本の型「GRAPH」

第3章

仕事の質とスピードを上げる「終わらせる」順番

第4章

会議・ミーティングの順番

「手戻り」をなくすと、生産性は劇的に上がる
「前提」と「期待するアクション」を伝える

第5章

ミス・失敗を減らす仕事の順番

第6章 仕事を円滑に進めるスキル

第1章

仕事ができない人は何が間違っているのか？

仕事ができない人は「仕事の進め方」を間違えている

「仕事ができない＝能力がない」は間違い

「あいつは仕事ができるなぁ」
「彼は上司に評価されているなぁ」
「なぜあの人はお客様に信頼されているんだろう」

そんなふうに人のことを羨ましく思ったり、憧れたりした経験はありませんか。
「仕事ができる人」と「仕事ができない人」は、一体何が違うのでしょうか？

仕事ができる人と、仕事ができない人の間には、仕事の進め方に対する明確な違いがあります。

その違いとは「仕事を進める順番」です。

仕事ができる人は、**仕事を始める前に「しっかりと考える」**のです。

これが仕事のできる人、できない人を大きく分ける最大の要因だと言えます。もちろん、その「考える」の精度の違いも重要なのですが、まずは考えるかどうかが大切です。

たとえば、パワーポイントで資料を作るときに、「いきなりパワーポイントを開いて資料を作り始めてはいけない」と言われます。似たようなことを、あなたも一度は耳にしたことがありませんか。

まずは思考を整理し、ノートにまとめてから、満を持してパワーポイントを使う。

このような順番で資料作成をしなければ、パワーポイントの画面を眺めながら、延々とあでもない、こうでもないと図形をいじって、時間を浪費することになってしまいます。

まず、目的や考えを明らかにし、関連する情報をどのようにまとめ、どのように物事を進めていくかといったことを整理してから、行動に移す必要があります。

しかし、「仕事ができない人」は、このやってはいけない「禁じ手」を、普段の仕事でやってしまっています。

仕事を始める前に「仕事について考える」

一言でいえば「**先に考える**」**ことができていない**のです。

仕事ができる人は、問題が起こる前に、万が一に備えてあらかじめ対処法を考えています。思いがけない事態に直面したときには、それが大事（おおごと）になる前に上司や先輩に相談します。また、自分のやっていることの途中経過を、お客様や上司にしっかりと共有します。仕事を終えるタイミングで、相手を満足させられたかを振り返ります。

このように、やり方を考えた上で仕事を進めています。

つまり、「仕事ができる」とは、その仕事の状況に合った「正しい手順を踏む」こと

です。**こうした手順に従って、仕事を効率良く進めることができれば、誰でも「仕事のできる人」になることができます。**

思い込みや感覚で仕事を進めるのではなく、その場その場で適切な相手に必要な情報共有を行い、あらかじめ定めた作業手順をしっかりと踏んで、着実に進んでいく。

一見すると当たり前のことのように感じるかもしれません。

でも、**この当たり前を当たり前にできるかが重要**です。そして、これこそが「仕事ができる」ということなのです。

仕事ができない人は確かにいます。しかし、必ずしもその人が「できない人間」「使えない人間」ということではありません。あくまでも「正しくない仕事のやり方をしている」、ただそれだけのことなのです。

もし、あなたが「仕事をうまくこなせない」という悩みをお持ちなのであれば、ぜひ、できる人の仕事のやり方・進め方を学び、自分の仕事の順番を見直してみてください。

ここからは、仕事ができない人のいくつかの特徴について取り上げてみましょう。

残念な仕事のやり方①
自分の理解だけで仕事を進める

「自分の理解」と「他人の理解」を揃える

多くの場合、仕事には相手がいます。特に、オフィスワークに携わる人の仕事は、「誰かの依頼への対応」「誰かの困りごとへの対応」が大半を占めます。

お客様の要望を聞いて、なんらかの対応をする。社内の仕事であっても、上司や先輩からの依頼を受けて、何かを準備したり、作ったり、運んだりすることが多いでしょう。

そういうときに、**自分の感覚ややり方に固執して、自分の思うがままに仕事を進め**

てはいけません。そんなことをすると、相手の求めていたものとはまったく違うことのために非常に多くの時間を費やしてしまったという残念な結果が待っています。

たとえば、洋食屋さんでカレーライスを頼んでハヤシライスが出てきたときに、「まぁ、どっちも美味しいからいいや」と許す人は、そんなに多くはいないでしょう。

たとえそのハヤシライスが、丸3日間かけて煮込んだ素晴らしいものであったとしても、お客様の注文がカレーライスである以上は単なる「オーダーミス」です。

そうしたことが起こらないように、レストランでは、店員さんが「ご注文を繰り返します」とオーダー内容を復唱します。「相手が頼んだものを、自分がしっかり間違えずに理解しているかどうか」を確認しているのです。

聞き間違えているかもしれないし、メモを取り損ねているかもしれない。そういう、何かしら誤解しているかもしれない状態のまま厨房にオーダーを伝え、シェフが本気で腕を振るった最高の料理を作る。万が一、それがオーダーミスだったとしたら、とても悲しく、不幸な事態です。

仕事には常に相手がいます。その相手の意思や意向、考えを理解しないことには、どんな仕事も狙い通りの結果にたどり着かないのです。

残念な仕事のやり方②
とりあえず進めてみる

「すぐに行動する」と手戻りが増える

「とりあえず始めてみて、うまくいかなくて困ってから、どうしようかなと考える」

そんな仕事の進め方をしてしまってはいませんか。

あなたが、初めて訪れる場所に行こうするときを想像してみてください。何も考えないまま歩き始めるでしょうか。

おそらく、自分が向かう目的地まで、どんな交通機関で、どれくらいの時間がかかるのかを、調べるところから始めますよね。そして、最初に乗る駅までは今いるところから、どっち向きに何分くらい歩くのかなどを把握した上で行動するはずです。

しかしながら、仕事になると、なぜか、こうした準備をまったくしないまま、いきなり作業に取り掛かってしまう人がいます。そして、作業を進めながら、「あれ、思っていたのと違うな」「あ、これはどうやら勘違いしていたな」と気づき、少し戻ってやり直すことになります。

こういうやり直し作業のことを**「手戻り」**と言います。

「手戻り」は、仕事の効率を著しく低下させ、周りからの評価も下げてしまいます。また、「手戻り」を繰り返すことによって一番無駄になっているのは「時間」です。時間は、あなただけでなく、周りの人にとっても等しく有限で、貴重なものです。浪費してはいけません。

誰かが行きあたりばったりで仕事を進め、何か間違っている、何かがおかしい、と途中で気づいてやり直す。そこで発生した遅れは、その仕事の結果を待っている別の誰かにも影響を与えます。

「手戻り」を減らし最小化することが、チーム全体の仕事の効率を上げる極めて有効な打ち手となります。

残念な仕事のやり方③
作業時間を見積もらない

「納期に対する真摯さ」が仕事の評価を決めている

仕事においてもっとも重要なものとは何でしょうか？

私が何より大事だと考えているのが「納期」です。仕事を進めるにあたって「作業を行う速さ」が評価を決めるとイメージする方も多いのですが、そうではありません。ほとんどの場合、定められた納期・締め切りを守ることができるか否か、で評価が決まります。

仕事には、「納期」や「締め切り」が必ず存在します。どんな業種や職種の、どんな仕事であれ、「いつまでにこの作業を完了してほしい」という要望もしくは合意があります。その時期までに完成、完遂することが期待されているはずです。そして、多くの場合、その後ろに別の人の別の作業が予定されています。

たとえば、「この企画書を一週間後の12時までに提出してください」と上司に指示されたとします。

仕事ができない人は、期限ギリギリだったり、もしくは遅れて提出したりします。一方、仕事ができる人は、提出日の前日、もしくは当日の朝一に提出するでしょう。また、納期内で品質を上げる努力も怠りません。一週間後をターゲットにするならば、その数日前に内容確認をする場を設定します。

さらに、依頼当日もしくは翌日に、おおまかな資料の構成や、伝えたい内容について依頼者である上司に確認します。そうした「確認タイミング」をあらかじめ見据えて、仕事の進め方を考えるわけです。

「作業時間の見積もり力」こそが、優秀な人の証し

締め切りや納期を守ることは、仕事における、いわゆる「基本のキ」です。まったく意識しない人は、さすがにいないと思います。

他方、**「基本のホ」とでもいうべきものが「作業時間の見積もり」**です。

この「作業時間の見積もり」は、見すごされがちな要素です。何かひとつの仕事に取り組むときには、「これを終わらせるにはどれくらいの時間がかかるのか」を考える必要がありますが、残念ながら、あまりちゃんと考えない人が多いのです。

30分で終わる仕事もあれば、3時間かかる仕事もあります。なかには、ほかのことを一切やらなかったとしてもまるまる5日（8時間×5日＝40時間）や10日（＝80時間）かかる仕事だってあるかもしれません。

作業時間をしっかりと見積もれなければ、納期を守ることなどできません。

大事なのは「ちゃんと間に合いそうか」を精度高く理解することです。

仕事に取り掛かる前に「ちゃんと間に合いそうか」を考えます。そこで「間に合い

そうにない」ということがわかっていれば、上司やお客様との間で納期を少し後ろ倒しに調整できるかもしれません。もし納期を動かせないのであれば、「ほかの人に手伝ってもらう」「自分が担当しているほかの仕事を調整して、納期を守るための作業時間を作る」といった手が打てます。

一方で、仕事を進めていくなかで「間に合わない」ことが発覚した場合は、できる打ち手が少なくなっています。そもそも、作業時間を見積もっていたわけではないので、間に合わないということになかなか気づけません。その結果、気づいたのが、締め切り直前になってしまったりもします。これは最悪です。

1カ月前から言われていたのに、気づくと納期の3日前。いざ取り掛かってみると、思いのほか難しい。まずは1日かけて、あれこれ調べながら試行錯誤して進めてみたところ、どうやらこれは、あと5日はかかりそうだ、と気づいた。ゾッとしますね。

仕事の質を高め、周囲からの信頼を得るためには、「作業時間を見積もる力」に裏打ちされた「納期を守る姿勢」が極めて重要なのです。

残念な仕事のやり方④
終わった仕事を振り返らない

「振り返りの質」こそが、「成長の質」である

やったらやりっぱなし。苦労して終わらせた仕事のこともすぐに忘れてしまう——。

「喉元過ぎれば熱さを忘れる」の如く、大変な苦労をしたにもかかわらず、「さぁ、次！」と切り替えてまったく振り返らない。案外そういう人は多くいるように感じます。

「目の前のことに全力投球している」とポジティブに捉えることもできますが、やはり、振り返りなきところに学びはありません。

いや、むしろ**「振り返り」は「成長の伸びしろ」**とも言えます。とりわけ苦労した仕事、ミスが多かった仕事というのは、自分が成長するためのきっかけ、学びの宝庫です。これを使わない手はありません。

「嫌な記憶はさっさと忘れよう」「失敗にこだわっていても仕方ない。前を向こう」という姿勢は、それはそれで素晴らしいのですが、あまりにいさぎよすぎるのも考えものです。

「自分のせいではない」と考えているのかもしれませんし、「お客様の言うことが変わった」「上司の指示が悪かった」「部下の気が利かなかった」などの理由を並べて、失敗そのものを、自分の視界から隠してしまっているのかもしれません。

こういう態度のほとんどは自己防衛本能によるものです。

もちろん、必要以上に自分を責めることは避けるべきです。抱え込んで、悩みすぎても、心が萎縮してしまい、質の高い仕事にはつながりません。

しかしながら、**仕事で自らの価値を高めていく観点では、「同じ失敗を繰り返さない」ことが大切**です。

ポジティブ思考だけでは、仕事のスキルは上がりません。同じミスを犯す、同じところでつまずく、同じような場面で苦手意識が出てしまう。そういうことが続くと、上司や先輩、あるいはお客様から不興を買い、信頼を失っていくことになります。

成功の振り返りが「成果の再現性」を高める

そうならないためには、仕事を振り返ることが必要です。

「今回は、なぜ失敗したのか？」
「どこに問題があったのか？」
「次回、似たような状況になったときには、どうしたらミスを防げるのか？」

それらを突き詰めて考えることが大切です。

仮に、仕事が成功した場合であっても、振り返りは重要です。「すべてが完璧だった」なんてことは、１００回に1回あるかどうかのはずです。

成功体験も、細かく振り返ることで必ず反省点が出てきます。それらから、より深い学びを得られるように、しっかりと掘り下げて考えていきましょう。

うまくいった仕事でも、一連の流れのなかに、「もう少しうまくできた」「あそこはよくなかった」「あのときこうしていればもっとよかった」ということがあるはずです。「結果がよかった」というだけで、反省点をスルーしてしまうのは好ましくありません。せっかくの成長機会を逃してしまっています。

たまたま成功した、ということもあり得ます。振り返ってみて「偶然の成功ではない」「次も同様に成功できる」ということを明らかにする必要があります。**成功したときもしっかり振り返ることで、「成果の再現性」を高めることにつながる**のです。

「仕事ができない」と嘆く方の多くは、経験から学ぶことができていません。せっかくの苦労も、次に活かせなければ、単なる工数の無駄遣いです。反対に、どれだけ大きな失敗をしても、そこから学びを得て、今後のために活かせるならば、それは素晴らしい経験です。

残念な仕事のやり方⑤
教えられた手順を守らない

「定石（じょうせき）」を押さえることから勝負は始まる

物事には、「正しい手順」があります。料理を作るにしても、何かを計算するにしても、定石があり、手順に則って進めていくことが、正解への近道になります。

仕事においても同じで、手順はとても大切です。

この手順は、過去の経験に裏づけられたものが多いです。たとえば、日本が世界に誇る企業トヨタの「カンバン方式」は世界的にも有名です。次の工程で必要とされる分だけ部品を作り、供給するジャスト・イン・タイム生産方式を支える在庫管理手法です。

当然、定められた手順を守らないと、失敗する可能性が高まります。

このような会社や組織でマニュアル化されている手順は、徹底的に順守すべきです。もちろん、なんとなくの慣習で続けられている非効率な手順もあるとは思いますが、一見非効率に感じたとしても、リスクやトラブルの回避の意味がきちんとあるものも多いのです。ひとまず、従ってみて、その意味や理由を理解してから、ルール変更の必要性を議論するほうがいいでしょう。

「守破離（しゅはり）」という言葉があります。主に、武術や華道、茶道などで使われますが、仕事においても、とても重要な言葉です。

「守」すなわち、型を守る。どういう動き方で、どういう力の込め方で、どういう心構えでその技を用いるのかを、しっかりと教えられた通りに、寸分違わずに行う。これを繰り返すことで、型を自分のものにしていきます。教えられた通り、定められた通りにできるようになるところまでが、この段階です。

「破」すなわち、型を破る。教えられた型、苦労して身につけた型を、少しずつ変化させます。型は、先人たちが積み上げてきたものの集大成ですので、何かを変えるというのは、簡単なことではありません。ある部分を少し変えるだけで、全体のバランスを崩してしまうかもしれません。

しかし、ここで、決められた型に自分らしさを加えようと試行錯誤していくことが成長です。ほかの流派の技を学んでみるのもよいでしょう。そして、あれこれ試してみながら、もともとの型と自分なりの工夫をどのように融合させるのかを考えていくのが、この段階です。

「離」すなわち、型を離れる。「守」で苦労して身につけた型に、さらに苦労を重ねて自分なりのアレンジを加えていく「破」ができた上で踏み込む最終段階です。ここでは、独自の型、オリジナルの技を作りにいきます。

もちろん、今までの型をまったく捨て去る必要はありません。それまでの学び、それまでに積み上げてきたものを組み合わせながら、さらなる進化を起こすことで、もとの流派から離れ、自身の流派を興していく段階です。ゼロから生み出すのではなく、過去の積み上げの上に新しいものを乗せることで、自分の流派、自分のやり方を作り

守破離とは？

まずは型を覚え、徹底的に身につける

型を破り、応用する

あえて型から離れて、「自分のやり方」を見つける

上げていくのです。

仕事柄、いろいろな会社の若手社員の方と話す機会があるのですが、皆さん、とても優秀で野心にあふれていると感じる一方、「もっと効率的にやりたい」という意識を強く持っているように見えます。

そして、効率的にやろうとするあまり、上司や先輩の教えてくれた仕事のやり方、つまり「型」を無視してしまいます。

つまり、「守破離」の守を飛ばして、破もしくは離にトライしてしまうのです。

しかしながら、いきなり、「破」や「離」をやろうとするのは、極めて効率が悪いやり方です。急がば回れ、という言葉も先人の知恵です。

車輪の再発明をしてはいけない

「車輪の再発明」という言葉をご存じでしょうか。

辞書にはこのように書かれています。

「広く受け入れられ確立されている技術や解決法（知らずに、または意図的に無視して）を再び一から作ること」を指すための慣用句。世の中にすでにある「車輪」を、ゼロから自分で作っても、労力と時間の無駄です。誰も褒めてはくれません。

私たちがやるべきことは、すでにある車輪を使って、より効率的にものを運ぶことです。発明すべきは車輪ではなく、その車輪を活用した新しい輸送方法です。

世の中に存在する知識や教えを最大限に利用することが、成長の早道であり、成果への近道になります。

「守破離」を無視して、ゼロから自己流で仕事のやり方を考えようとするのは、いわば「車輪の再発明」をしようとしているようなものです。時間も労力も無駄になります。確立されている方法を押さえておくほうが効率もよく、精度も高いのです。

なお、「守破離」の手前の段階として、「型を知る」というステップがあります。型を知らないことには、守りようがありません。まずは、誰かが編み出した型を、しっかりと学び取るところから始めましょう。型を知り、型を守る。そこからスタートするのです。

本書は、この「型を知る」「型を守る」の段階に適しています。本書で解説しているのは、ひとつの型であり、ひとつの流派だといえるでしょう。

仕事は総合格闘技のようなものです。

パンチだけ鍛えても、寝技だけ鍛えても、なかなか勝ち残れません。しかし、だからといってすべての技術を一度に身につけるのも、また難しいものです。

とりあえず、何かひとつ、「型」を自らの身につけてしまうことをお勧めします（そのひとつの型の学習書として、本書を選んでいただければとても嬉しいです）。

当然ながら、仕事のシーン、つまり状況や場面は人それぞれでまったく違います。同じような仕事をしていたとしても、取り扱う商材や、携わっている事業の好不調、お客様の要望などによって千差万別です。ですから、これらすべてに通用する具体的な「答え」を提供することはできません。

ただ、基本となる「仕事の進め方」という意味での「型」はあります。それについては、次の第2章でお伝えしていきます。

「自分のやり方」をアップデートする

守破離の「守」の段階を過ぎた人に起こりがちなのが、「過去の成功体験にしばられる」ことです。人によっては、「守」の段階を飛ばして、自分なりの型を作ってしまったがゆえに、この状況におちいっていることもあります。

もちろん、「頑張って編み出した自分なりのやり方でうまくいった」という経験は極めて尊いものです。その成功体験は自信につながり、仕事に取り組む上で心に余裕を持つことにつながります。

しかしながら、状況は刻一刻と変化しています。新しい技術が生まれ、新しいサービスが提供されます。また、競争環境も変化します。こうした変化に対応しようとすると、過去の成功体験だけでは不十分です。

時代の流れや、環境の変化に対して、過去に編み出した自分のやり方に固執しすぎるのは、懸命な判断とは言えません。型を破った経験、型を離れた経験を定期的に思い出して、また別の「新たな型」を模索する日々に戻っていくべきでしょう。

いわば、「勘・経験・度胸（ＫＫＤ）のアップデート」です。

勘・経験・度胸は、日々の成功体験のなかで育まれます。こういうときは、こうすればうまくいった。お客様からのこういう要望に、こういう対応をすれば喜ばれた。そうしたよい実績の積み重ねが、勘・経験となります。そして、そこから得られた自信が、思い切りのよい判断につながります。これが度胸です。

ＫＫＤは、ビジネスの実務上、とても有効です。何よりも、判断までの時間が短いのです。成功体験の積み重ねですから、途中の思考プロセスをすっ飛ばして「こういう場合は、こう」「そういうときは、そう」という感じで、即座に答えにたどり着くことができます。

ピカソが、紙ナプキンにサラサラと絵を描き、その時間は30秒ほどしかかからなかったものの「これは、30年と30秒だ」と言い100万ドルの値段を請求した、という逸話とも通じる世界です。積み上げた知識と経験に裏打ちされた勘・度胸は、ナニモノにも変えがたい素晴らしいものです。

しかし、先にも述べた通り、それに固執し続けるのも考えものです。もしかしたら、時代遅れになっているかもしれません。あるいは、「ハンマーを持てばすべてが釘に見える」のたとえのように、本来は別のやり方のほうがいいにもかかわらず、自分のKKDスタイルで押し通してしまっているかもしれません。

そんなことになっていないか、自分のKKDは、今もそのまま通用するのか、しっかりチェックしていくことが大切です。

変化に対応するためには、自分自身も変化していくことが求められます。自分の知識や考え方のアップデートを怠ってしまうと、成長速度はどんどん低下していくことになります。

残念な仕事のやり方

❶ 自分の理解だけで進める

⇒ **大事なのは「すり合わせ」。「自分」と「他人」の理解を揃える**

❷ とりあえず仕事を進める

⇒ **事前に進め方を確認して「手戻り」を減らす**

❸ 作業時間を見積もらない

⇒ **「ちゃんと間に合いそうか」を精度よく見積もる**

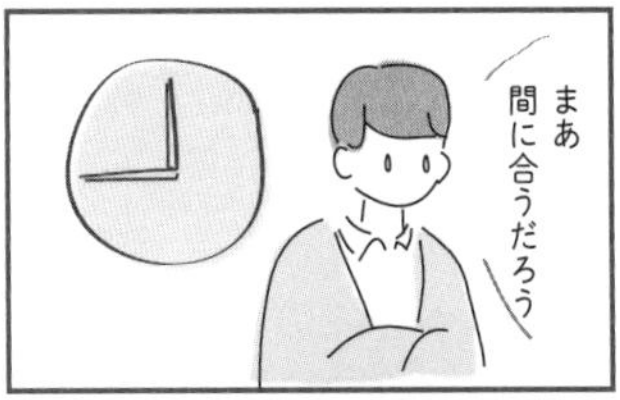

❹ 終わった仕事を振り返らない

⇒ **失敗でも成功でも振り返り、次に活かす**

❺ 仕事の手順を守らない

⇒ **「定石」を押さえることが一番成果につながる**

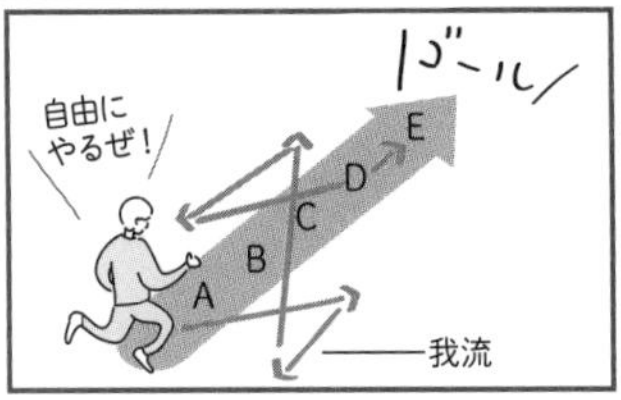

第2章

仕事を進める基本の型「GRAPH」

仕事を進める基本の型「GRAPH（グラフ）」

仕事を推し進める5ステップ

本章ではまず、「仕事における基本の型」をお伝えしたいと思います。

仕事には、定められた手順があります。手順に従って着実に実行していくことで、失敗のリスクを下げ、一つひとつの作業の中身について考える余裕を持つことができます。

もちろん、仕事の内容は業種や業態によって変わります。もっと言えば、プロジェクトや企画など、取り組む仕事の一つひとつが別物なのですが、それらの違いを越えた基本となる型が「GRAPH」です。

ありとあらゆる仕事を、同じ手順に合わせてやろうとすると「いいからさっさと動けよ」「考えているうちにやったほうが早いだろ」「面倒くさいやつだな」などと言われてしまうかもしれません。

しかしながら、初めて取り組む仕事や、非常に複雑で定型的には進められないような仕事に取り組むときには、理想となる手順を意識し、型を守って進めることが、成功への近道となります。

本書では、その手順、すなわち仕事の順番を5つのステップにまとめました。

G：Goal／目的・目標を定める
R：Route／道筋・打ち手を考える
A：Agreement／すり合わせる
P：Progress／実行する・進捗を管理する
H：Harmonize／調和させる

この順番を、それぞれの頭文字をとってＧＲＡＰＨ（グラフ）と呼ぶことにします。

まずは、ざっくりとした全体の概要をお伝えします。

最初は**「G：Goal（ゴール）」です。自分たちが、「どこに向かうのか？」をまず決める**ことが大切です。何を依頼され、どんな成果（物）が求められているのか。仕事のゴール、目的・目標を定めること。また、組織からゴールが与えられている仕事であればそれを確認しつつ、その上で「何を成果とするか」を定義することです。

次に、**「R：Route（ルート）」。目的地に向かって、どういうふうに進んでいくのかを考えると、さまざまな選択肢があると思います。そのなかで、どの道順で行くのかを決める**のです。これは、定めたゴールに到達するための打ち手を考えることでもあります。

その次が、**「A：Agreement（アグリーメント）」。仕事には、相手がいます。取引先や上司、同部署のメンバー、他部署のメンバー、部下……などさまざまです。それらの相手と、目指すべき目的地や仕事の進め方、納期などについて確認し、すり合わせて**

合意を得るプロセスです。この時点で認識のズレを検知して解消しておかないと、あとから痛い目にあうことになります。

お互いの認識が合ったら、**「P：Progress（プログレス）」です。実際に仕事に取り掛かり、ちゃんと計画通りに進んでいるか確認しながら作業を進めるプロセス**です。このとき、「R：Route（ルート）」で定めたことが、「道しるべ」の役割を果たします。

最後が、**「H：Harmonize（ハーモナイズ）」。日本語で言うと「調和する」という意味です。ここで目指すのは「仕事の完了にあたり、すべての物事を調和させる」ということ**です。単なる作業終了・作業完了だけではなく、仕事内容を振り返り、適切なフィードバックを受け、改善点を洗い出すなど、次の仕事への準備も含まれています。

求められていたものをしっかり相手に受け渡して、品質も含めて問題ないことを確認・合意します。数値的なゴール設定に対しては、成果がどうだったのか、振り返り、改善的を明確にして次の仕事に生かせるようにしていきましょう。

最初に定めた目的地、そこに至るための道筋、たどってきた進捗、最終的な作成物。

それらすべてが、相手の要望に対して十分なものだったかを確認し、仕事としての「全体調和」を図ります。

この5つの手順に従って仕事を進めていけば、失敗のリスクは大きく下がります。
それぞれの手順について、より詳しく見ていきましょう。

GRAPHとは？

G
Goal
目的・目標

最初に行うべきは、目的・目標を定めること。「作成物」であるアウトプットの先に、「仕事の成果」であるアウトカムがある。何をゴールにするのかを決めたり、会社から与えられているゴールを確認する。

R
Route
道筋・打ち手

ゴールを定めたら、そこへの行き方・たどり着くための手順を考え決める。ゴールから逆算して計画し、打ち手を洗い出す。道筋や打ち手を実行するためにより具体的にすることでやるべきタスクが見えてくる。

A
Agreement
すり合わせ

実際に着手する前に、上司や部下、チーム、取引先、依頼主などと「仕事の進め方」「情報共有の頻度やタイミング」「進め方や手順に間違いや勘違いはないか」などをすり合わせを行う。

P
Progress
実行・進捗管理

すり合わせた内容通り、やるべきことを実行して仕事を進める。同時に、予定通り進んでいるか、問題があれば原因を探り、対処、リカバリーをする。自分がやるべきことはて粛々と進め、全体の進行状況を把握することが大事。

H
Harmonize
調和

最後の仕上げ。仕事をまとめ上げ完了させること、終了を確認してフィードバックをもらう、仕事を振り返り問題点や改善点を洗い出し次の仕事に活かす。振り返りの質が次の仕事の質に直結する。

G：Goal
目的・目標を定める

ゴールがないと、正しい方向に向かえない

最初に行うのは「G：Goal」。すなわち「ゴール＝目的・目標を定める」ことです。どんな仕事であれ、ゴールは設定されていると思いますが、これをしっかりと確認することから始めましょう。

どこかへ行くときに、「何も考えずに家の玄関を出る」ことは、まずありませんよね。学校に行く、会社に行く、夕食の食材を買いにスーパーに行く、などの目指す場所が決まっているはずです。

具体的な行き先は決めない場合でも、「ご飯を食べに行く（具体的なレストランは決めていない）」、「健康のためにウォーキングする」というような目的があって玄関を出るはずです。これは仕事においてもまったく同じで、最初に「どこに向かうのか」、つまり「この仕事のゴールはどういうものか」を明確にすることから始めましょう。

たとえば、営業の仕事をする人にとっては「担当するお客様に、商品を購入してもらうこと」がゴールです。

しかし、この目指すべきゴールを設定するにあたって、2つの考え方があることに注意してください。ひとつは「作業結果」としてのゴール、もうひとつが「その先に生み出される価値」というゴールです。

営業の例で言えば「商品を買ってもらって売上が立つこと」は作業結果としてのゴールです。しかし、その先には「その商品を使うことで、お客様が喜びを得ること」があります。この2つのどちらをゴールと置いているのかで、仕事の進め方も変わってきます。

「アウトカム（成果）」と「アウトプット（作成物）」という2種類のゴール

先ほど述べた2種類のゴールは、「アウトカム（成果）」と「アウトプット（作成物）」です。「仕事の成果（アウトカム）」を理解することと、「作成するもの（アウトプット）」を定義すること、この2つのゴールがあるのです。

「アウトカム（outcome）」という言葉を聞いたことはあるでしょうか。ビジネスシーンでは、「成果」と翻訳されます。仕事において、「何かを成し遂げたときに得られる価値」です。

一方、「アウトプット（output）」の直訳は「出力」です。仕事においては「作成物」というような意味合いで捉えておくとよいでしょう。

つまり、仕事において、なんらかの作業によって作られたものがアウトプットです。それに対して、アウトカムは、アウトプットを用いて得られる効果や変化、生み出される価値のことを指します。

仕事の順番においては、先に「アウトカム」を明確にしたうえで、「アウトプット」を定めていくことが求められます。

先ほどの例で言えば、

「商品を買ってもらうこと」がアウトプット
「その商品を使って、お客様が満足すること」がアウトカム

と分けることができます。

商品を買ってもらって終わりとするのか、その商品を使って満足するところまでを目指すのか。当然ながら、後者のほうが、お客様とのお付き合いが深くなります。

どういう機能があるのか、どういう使い方をしたらいいのか、そういうことをしっかり紹介して、実際に活用してもらうためのお手伝いをすることになります。そうすることで、お客様の満足度は高まり、リピート購入につながっていくことも期待できます。

このような「何をゴールにするのかを決める」もしくは「確認する」ことが、ゴールセットのポイントです。組織に身を置いていれば、会社が上から目標を提示してくることも、自分自身で目標設定することもあるでしょう。また、1年かけて目指すゴール、個別の取り組みにおけるゴールなど、期間や粒度もさまざまです。

会社から何を求められているのか、あるいは自分自身で何を目指したいのか、そうしたことをクリアにしてから、仕事に取り掛かりましょう。

仕事において大切なのは、「アウトカム（成果）」です。「仕事」と「作業」とは違います。 作業においては「アウトプットを作ること」がゴールですが、仕事は「なんらかの価値＝アウトカムを生み出すこと」がゴールです。「何を作るのか＝アウトプットの定義」だけを考えていると、作業だけに目を奪われて、本来目指すべきところを見誤ってしまうおそれがあります。最初に「どんな成果を出すか＝アウトカムの定義」を考えておく必要があるのです。

具体的な例で考えてみましょう。

たとえば、「集客用のチラシを作る」というタスクがあるとします。用紙やプリンターを用意して、企画内容をワードやパワーポイントで作って、印刷して……その結果、できたアウトプットは「チラシ200枚」です。

では、このときのアウトカム（成果）は何でしょうか？

そうです。「200枚のチラシを配って、集まったたくさんのお客さん」です。あるいは、もう一歩踏み込んで、「集まったお客様の購買（＝店にとっての売上）」と考えてもかまいません。

いずれにしても**「ポスターというアウトプットを作って終わり」ではなく、「アウトプットの先にあるアウトカムを狙う」という意識を持つ**ことが大切です。

なお、目指すべきアウトカムは、時と場合によって変わります。

このチラシが、有料の演劇やコンサートのためであれば「売上」がアウトカムです。しかしながら、商店街の無料イベントのチラシならば「集客数」がアウトカムになるでしょう。売上獲得を目指す有料イベントは、「買いたい」「欲しい」という気持ちになってもらう必要があります。

一方、人集めを狙う無料イベントであれば、「面白そう」「楽しそう」「用事のついでにちょっと寄りたい」と思ってもらえれば成功です。

また、もともと興味を持ってくれている人たちを狙うチラシなのか、まだ興味を持っていない人を狙うチラシかで、内容も配り方も変わります。

このように、どういうアウトカムを求めるかによって、作るべきアウトプットが変わってしまいますので、やはり最初にアウトカムを定めるところから始めていかなければならないと言えるでしょう。

このように、目的や目標となるゴールを明確にすることが、「G：Goal／目的・目標を定める」ということです。

アウトプットとアウトカム

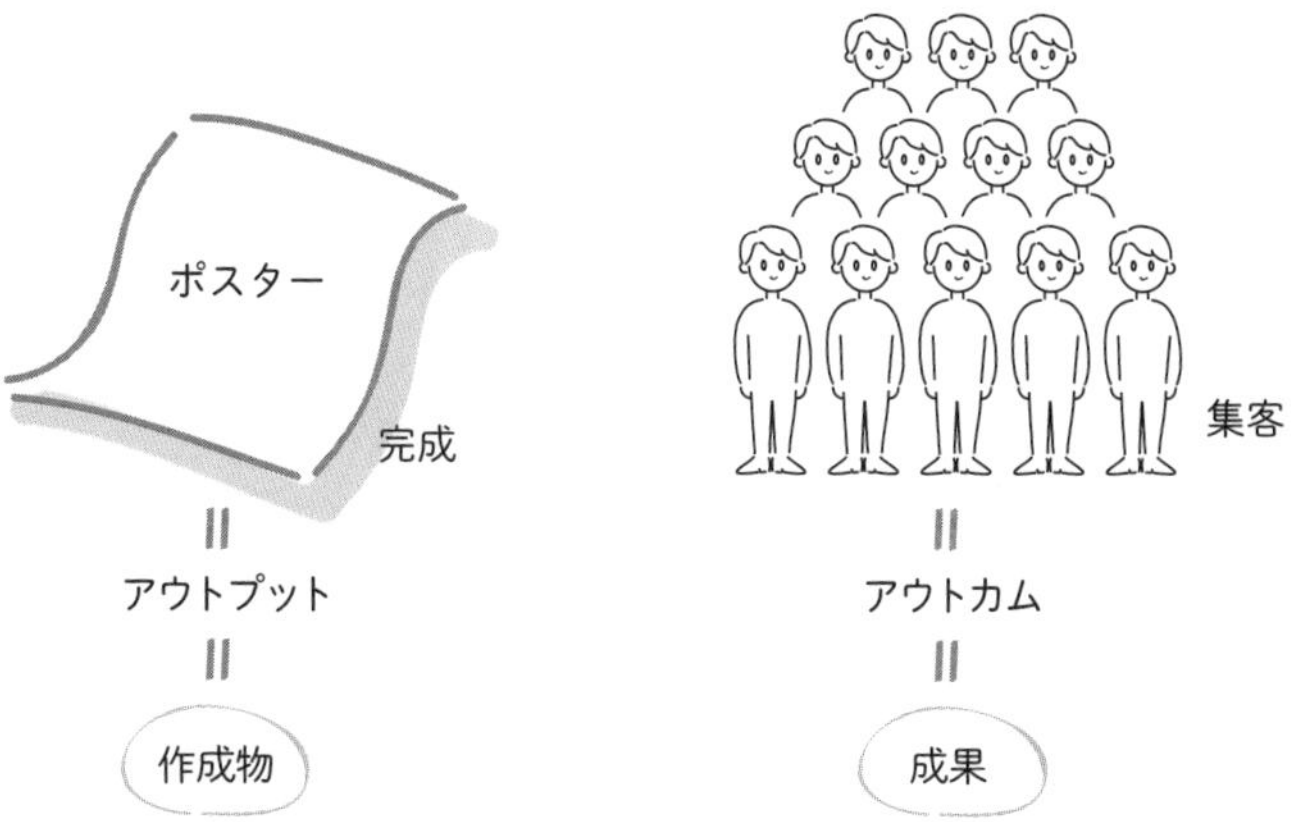

アウトプットの先にある「アウトカム」を狙う

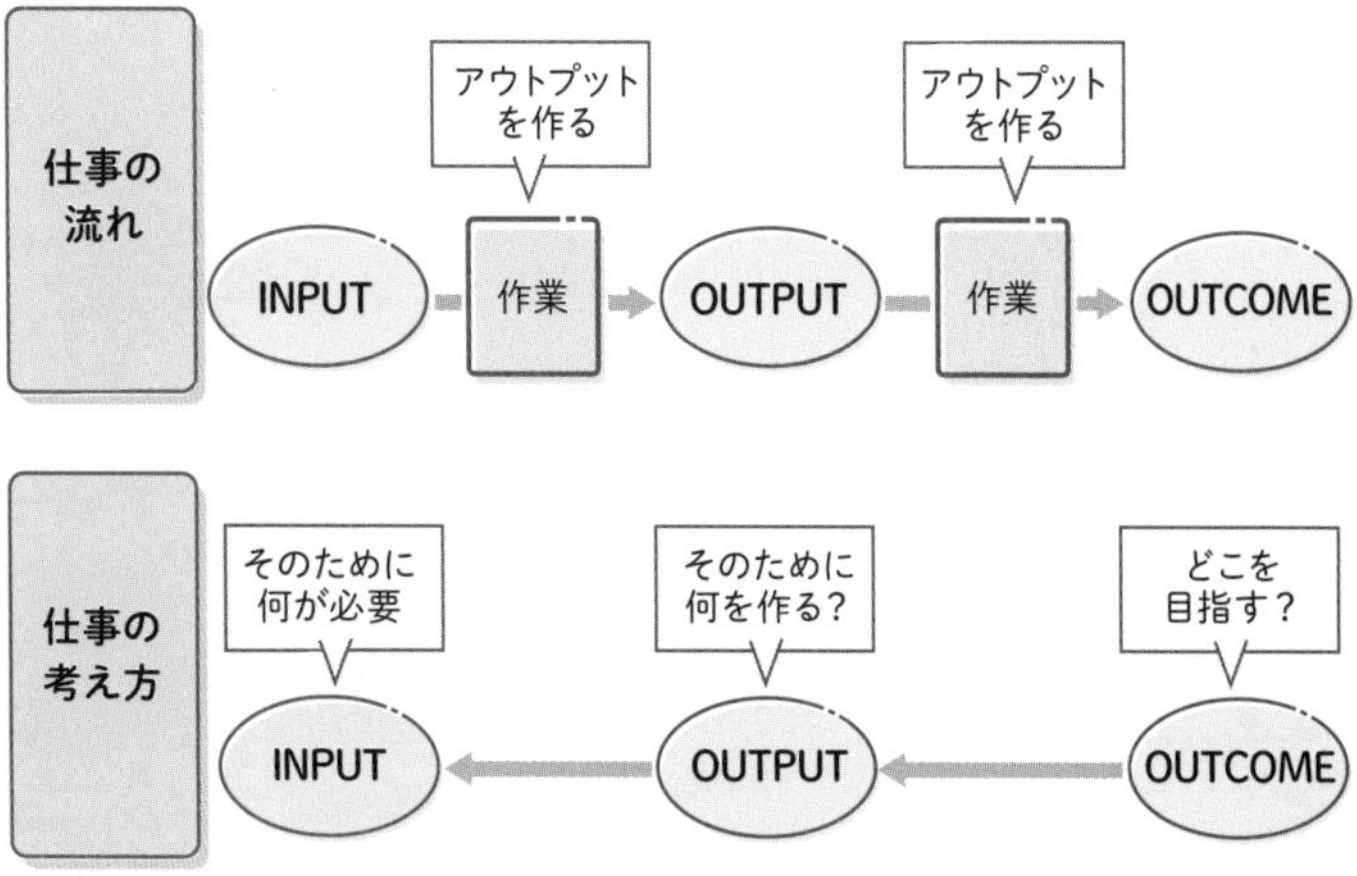

R：Route
道筋・打ち手を考える

「手を動かす」前に、「大きな手順・打ち手」を洗い出す

ゴール、すなわち、目指すべき目的地が定まったら、次に行うのは、そこへの行き方、向かい方の検討です。

旅行でいえば、高速道路を使うのか、新幹線で行くのか、飛行機で行くのか、という話です。手段やルートが決まったら、チケットを予約したり、荷物をまとめたり、どこで食事をとり、どのタイミングで休憩するのか、などの旅程の中身を決めていきます。

「昼ご飯をこのお店で食べたい」と決めたなら、その付近にお昼頃に到着している必要があります。そのために、出発時間を調整するなどの工夫をすることになります。

もし、「ランチのこの店では、ご当地の地ビールを飲みたい」ということを重視するならば、移動手段から「自動車を自分で運転する」という選択肢が消えます。

また、その日に泊まる宿との兼ね合いもありますから、移動時間や移動距離などを踏まえて、現実的な旅程にしていく必要があります。

仕事においても、これと同様の考え方をすべきでしょう。

これが、「R：Route／道筋・打ち手を考える」です。

「アプローチを決める」という考え方を身につける

これは**「目的地への向かい方」を考える作業**です。

私は、これを「アプローチ」という言葉で表現しています。「ある地点に近づく、迫る」という意味で、ゴルフの世界でも「アプローチショット」などといいますね。

「最後のパットを決めやすくするために、グリーンのいい場所に乗せる」ことを目指したショットです。

仕事におけるアプローチもゴルフにたとえることができます。ただし、その際には、グリーン手前のアプローチショットの部分だけではなく、そのもっと手前の部分、つまりティーショットから考えていきましょう。

ゴルフのティーグラウンドに立ち、ピン（目標地点のカップに立っている旗）までの距離を考えます。途中には、池やバンカーがあります。左には崖があり、右には森があります。何打でグリーンに乗せるか。池の手前に落としてから越えるのか、いきなり池の先を狙うのか。バンカーに落としたり、崖下にボールを落としたりするのを避けて、安全な場所を狙っていくのか、はたまた積極的に攻めていくのか。

こういうふうに、目指すピンに向けたコースの攻略方法、攻め方を考えていく。

これが、まさに「大きな手順」ということです。

営業現場でのセールス活動であれば、最後のピンは「商品・サービスをご購入（ご契約）いただくこと」でしょう。そこに向けて、どういう手順で進めていくのかを考えよう、というお話になります。

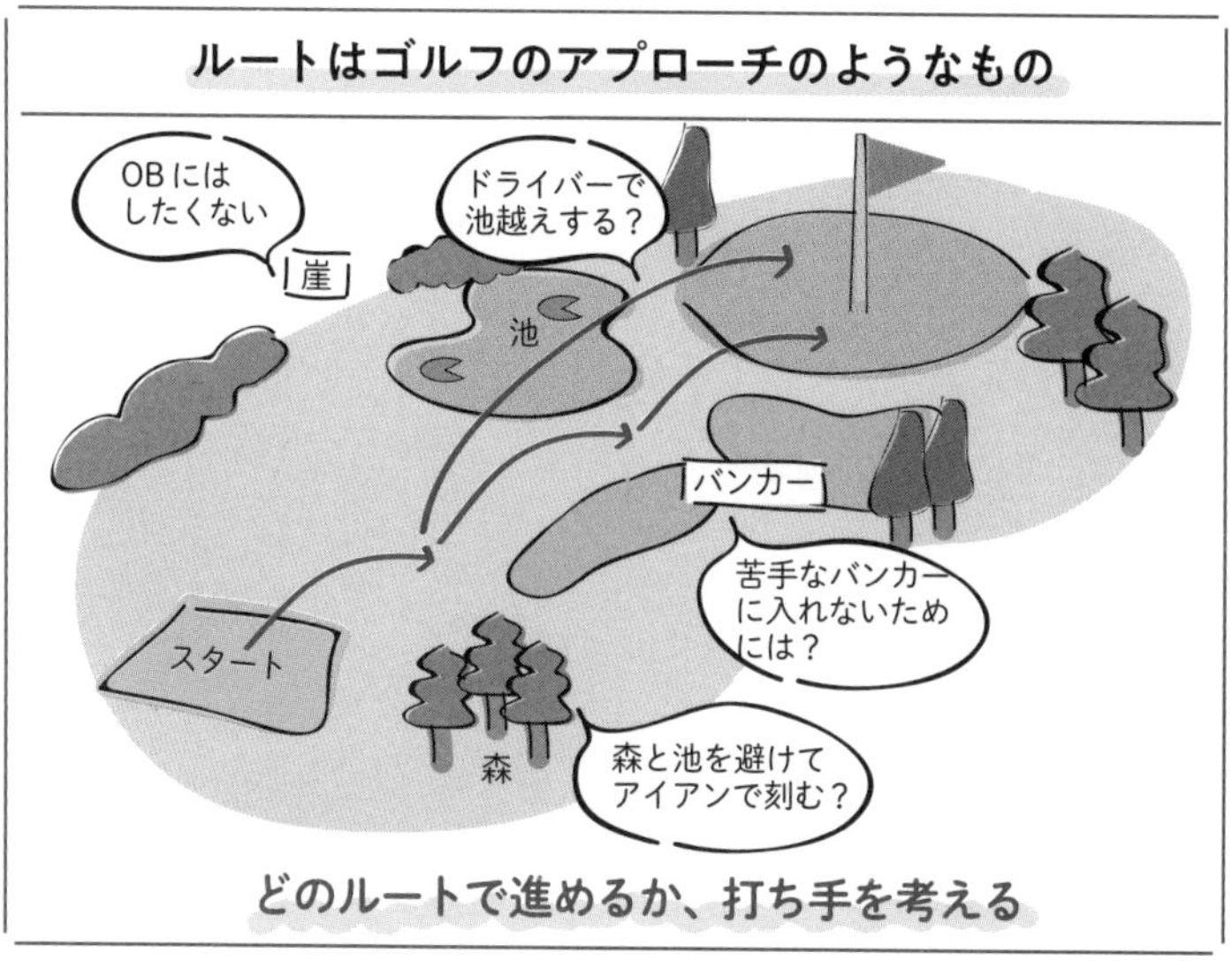
ルートはゴルフのアプローチのようなもの
OBにはしたくない
崖
ドライバーで池越えする？
池
バンカー
苦手なバンカーに入れないためには？
スタート
森
森と池を避けてアイアンで刻む？
どのルートで進めるか、打ち手を考える

仮に、すでにお名刺はいただいている状態であれば、最初の一打は「電話やメールでのアポイント獲得」かもしれません。お客様との関係性によってはＬＩＮＥやFacebookメッセンジャーを使うということもあるかもしれません。

アポイントを取る際に、どういうことに興味を持っているか、最近何か困っていることはないか、などの営業のヒントになることをうまく聞き出すことにもトライしたいですね。

その上で、二打目に相当する初回訪問は、いきなりセールスに持ち込まず、あくまでも「お困りごとの確認」「お役に立てないかのご相談」というようなことに時間を使います。

そのお話のなかで得られたヒントから、こんな提案ができるのではないか、とアタリをつけて、「しっかりまとめてくるので、もう一度お会いしてお話したい」とお伝えし、次のアポイントメントを取得するのが三打目。

四打目である次の訪問時には、具体的なご提案プランをお見せする。その際、ひとつに決め切るのではなく、複数の選択肢をご説明した上で、「お勧め案はこれ、なぜならば……」とお伝えし、判断を仰ぐ。

そこで、「気持ちは前向きになったが、今日は決められない」と言われたら、次のご訪問時期を調整するとともに、「どういう情報があったら考えが深まるか？」というところをヒアリングする。その後、定期的にご連絡を取りながら、相手の温度感を図って、いいタイミングで再訪問し、ご契約に漕ぎつける。

このようなステップが、お客様にご購入いただくまでの「アプローチ」です。

今回の例におけるアプローチをまとめると、次のようになります。

1　アポイント取得

2　課題感のヒアリング
3　提案作成
4　提案
5　フォローアップ
6　契約

もちろん、どのようなアプローチで営業するのが最適なのかは業種や業態、個人の営業スタイルなどによっても変わってくるはずです。お客様の状況や、自身が担当している商品・サービスの特性に合わせて、適切に組み立てていくことが重要です。

数値目標を目指すアプローチの方法

一方で、明確に設定された数字的な成果、数値目標を目指す場合、少し考え方が変わります。アプローチを一打目から順に考えるのではなく、ゴールから逆算して「どういう手を打っていくか」と考えるのです。たとえば、次のような場合です。

・ゴール例1：今月、5件の新規契約を取りつける
・ゴール例2：来月に発売する新規製品（サービス）の売上目標を達成する

こういったゴール設定がされる仕事のケースは多いでしょう。ほかにも既存製品の売り伸ばしなど、さまざまな数値目標が考えられます。

この例では今月、来月といった表現を使っていますが、実際には、どんな時間軸で捉えていただいてもかまいません。大切なのは、数字としての結果を求められている仕事の場合には、「R：ルート」は、限られた時間内に目標にたどり着くための「打ち手」の検討が重要になる、というところです。

たとえば、「ゴール例1：今月新規契約を5件取りつける」というものであれば、

・成約率を考えると、反応のいいお客様との面談が20件あればクリアできる
・20件の好反応を得るためには、40人あるいは40社のアポイントが必要
・そのためには、最低120件の見込みリストを作り、アポ入れをしないといけない

・月末までに達成するには、明日までにリストを作り、それから10日間でリストすべてにコンタクトし、そのあとは面談に時間を使いたい
・10日間で120件のコンタクトなので、1日12件の連絡が必要
・午前中に4件、午後に8件トライする

というような具体的なタスクが見えてくるはずです。

もちろんこれらは、一例にすぎません。

ここでお伝えしたいのは、**ゴールにたどり着くために必要な「打ち手」「施策」を考えていくことの重要性**です。こうして逆引きで考えたものが、ゴールを目指すためのアプローチであり、ルートになるのです。

「逆算」して計画し、「打ち手」を洗い出す

数字的な成果を出すアプローチで大事なことは、目指す数値目標から逆算で考えることです。

先ほどのゴルフの例も、「最後のパットをどう沈めるかから逆算している」と言うこともできます。

ゴールに対して逆算的にアプローチを考えていくことで、やるべきこと、こなすべき仕事の質や量が具体化されていきます。このようにしてアプローチを考えていくと中間的な数値目標なども見えてくるはずです。

そして、このタイミングでやっておくべきことが「打ち手の洗い出し」です。

たとえば、家電メーカーが新商品を発売する場合、目標設定された数値に到達するために、さまざまな打ち手が考えられます。

具体的には、

- **発売と同時に、渋谷駅前をジャックした広告キャンペーンを打つ**
- **量販店との共同プロモーションを企画する**
- **著名インフルエンサーに、商品を渡して、紹介してもらう**
- **新しい機能の特徴を、情報番組で取り上げてもらう**

・旧機種を使ってくれている登録顧客を対象に、モニターを募集する

などのさまざまなアイデアと選択肢が出てくると思います。もちろん、使える予算上限や今回の商品・サービスの特徴、過去に行ったことがある施策であるか、適切な実施タイミングはどこか……などによって、実行できることの選択肢は限られます。

しかし、このような打ち手群を、実行可能かどうかにとらわれすぎず、まずは一度洗い出してみるといいでしょう。

最初から発想を縮こまらせる必要はありません。

そして、その上で、どんな打ち手が実行できそうか。それらをどのように組み合わせると、目指すゴールに届きそうか、を考えていきましょう。

こういった道筋・打ち手は、日々の仕事の経験から、なんとなく決めていたり、無意識的にやっていたりする人も多いかもしれません。

重要なのは、目的達成に向けた道筋を、自分でしっかり考えつくした上で決めることなのです。

#「A：Agreement すり合わせる」

すり合わせることで、仕事の正確性が高まる

これまでG（ゴール）として目的・目標を定め、R（ルート）でゴールへの「道筋・打ち手」を描いてきました。

次にやるべきは、「A：Agreement／すり合わせる」です。

仕事の順番において、この「すり合わせる」をやっているかどうかは、非常に大事なポイントになります。仕事の順番を意識していない人は、ゴールと道筋が見えたなと思うとすぐに、そのまま走り出そうとします。しかし、「実際に着手する前」に極め

て大事なのが、この「すり合わせる」なのです。

「すり合わせる」をしっかり行うことで、手戻りや失敗が大幅に減り、仕事の質はもちろんスピードも上がっていきます。

仕事を実行する前のこのタイミングで、上司や部下、チーム、取引先など仕事にかかわる人たちとコミュニケーションを取り、「仕事の進め方」「情報共有の頻度やタイミング」「自分が何か間違ってはいないか・勘違いはないか」などを確認しましょう。

その仕事が上司や先輩からの依頼であれば、依頼主である上司、先輩に確認します。お客様からの要求に応える仕事なら、ご要望をいただいたお客様に確認していくことになります。進める前に事前に進める内容を押さえておくことが大事なのです。

なお、すり合わせの最大のポイントは、最初に「自分自身でしっかりと考えを持っておく」ことです。

上司や先輩も暇ではありません。彼らに確認する前に、自分自身でしっかりと考えておく必要があります。

もし、この時点で、何かしら間違っていることがわかれば、この段階で計画をしっかりと見直します。ここまで考えてきた「目的・目標」と「道筋・打ち手」について、自分の考えで十分かどうかを、上司や先輩に確認します。そして、彼らの経験に照らし合わせて、「どういう視点が足りていないのか」についてアドバイスをもらうようにしましょう。

このような試みは、上司や先輩からすると、自分の考えと、あなたの考えをすり合わせるよい機会です。また、具体的に練り込まれたリアルな計画の「案」が目の前にあるのですから、それに対する過不足の指摘も行いやすいということになります。

数値目標に対しても、目標数字の認識が正しいのか（先ほどの例であれば、獲得件数5件）を確認し、また、それを達成するための中間KPI（獲得件数5件に対して、有望な面談20件、そのためのアポイント40件、そのための見込みリスト120件という数字）は妥当なのか、なども確認しましょう。また、それを実現するための打ち手群についても、十分かどうか確認しておくとよいでしょう。

同時に、スケジュール感についても意見をもらっておきましょう。あなたの想定するスケジュールで、上司や先輩、部署のメンバーや関係者は納得し、それに従って動いてくれるでしょうか。もっと早めないといけないのか、もう少しゆっくり進めてもよいのかを、この時点で明確にしておくことは極めて重要です。

もし、もっと早く終えなければならないのだとすると、R（道筋・打ち手）で決めたやり方・作業内容を見直す必要が生じます。ただ、あなたはすでに、一通りの計画を立てているわけですから、期待された納期に合わせるために「何を減らすか」「どこを変更するか」について、とても具体的に相談することができるはずです。

また、確認の結果、進め方に問題がないことがわかった場合にも、今後の相談あるいは報告のタイミングを決めておきましょう。数日で終わる仕事ならばいざしらず、数週間や数カ月に及ぶ仕事もあります。そういう場合には、仕事を進めていくなかでさまざまな不測の事態に出くわします。

それを見越して、最初から「どのタイミングで、状況を伝えるか」を定めておきましょう。人によっては「もっと早く打ち合わせをしよう」などの要望を出してくれるかもしれません。そうした相手の要望に合わせて仕事を進めると、とても円滑に物事は進んでいきます。周りとすり合わせて、進め方を合意することを心掛けてください。

P：Progress 実行する・進捗を管理する

予定通りに進める方法

どのように仕事するかが明確になったのちは、しっかりと実行していくのみです。「目的・目標（G：Goal）」に向かい、定めた「道筋・打ち手（R：Route）」に従い、「すり合わせ（A：Agreement）」で合意した内容に基づいて、やるべきことを粛々（しゅくしゅく）と進めていきます。

しかし、いくら素晴らしい計画を立てていても、計画通りに物事が進まなければ、絵に描いた餅になってしまいます。そして当然ながら、物事は予定通りにいくとは限りません。むしろ、当初思い描いていた通りに進んでいくことのほうが稀（まれ）でしょう。

そこで重要になるのが、P：Progress。すなわち、「実行する・進捗を管理する」です。進捗とは、「物事の進み具合」を指します。遅滞なく物事が進んでいるかどうかを確認し、管理していくわけです。

「R（道筋・打ち手）」と「A（すり合わせ）」で決めたことを粛々と進めていきましょう。第3章以降でさまざまなシーンに合わせた、より具体的な仕事の順番とスキルをお伝えしているので、参考にしながら実践していただくといいでしょう。

Pの実行手順は、次の通りです。

- **定められた作業を粛々と実行し、仕事を進める**
- **予定通り進んでいるかを確認する**
- **予定通り進んでいなければ原因を探る**
- **原因に対処し、リカバリーする（リカバリーできなければアラートをあげる）**

大事なのは進捗を確認し、適切に管理しながら進めていくことです。この当たり前のことができていない人も、思いのほかたくさんいます。

まず、最初に確認すべきは「予定通りに進んでいるか」です。

予定通り進んでいないのであれば、その原因を見つけます。何が原因なのかを探り、どうすればリカバリーできるか……などを考えていくことになります。

もし、重大性が高い問題が起きていたり、簡単には遅れを取り戻せなかったりする場合には、上司や先輩、お客様に、対応方針について相談、連絡をします。

問題なく予定通りに進んでいる、となった際にはひとまず安心していいのですが、ここで気を抜かないのが「仕事ができる」と呼ばれるためのコツです。

ヒヤリハット、つまり、事故や大きな失敗につながりそうな小さなミスはなかったか、近い将来、問題になりそうな心配の種や失敗の予兆はないか、という観点で進捗状況を確認していきましょう。

その結果、何も問題がなく、順風満帆そのものであるならば最高です。心に余裕もあると思いますので、可能であれば、お客様、上司、先輩の「期待を上回る何か」を計画に組み込むことができないか、模索するのもいいでしょう。

「仕事をする」とは、盲目的に、決められた作業を続けることではありません。

自らが設計・立案した計画を全力で遂行しながらも、同時に、失敗の可能性を下げる工夫をしたり、よりよい道筋を探したりすることが、理想の仕事の進め方です。

問題があったらどうすればいいか?

一方で、問題があった場合には、どうやって解決すべきか考えます。

「予定より遅れている」「問題が起こっている」ということがわかった場合は、原因を探り明らかにする必要があります。そのためにも、まずは、「何が起きているのか」という実態を見極めることから始めましょう。

「何が起きているのか」を理解してから「なぜ起きているのか」に進みます。

問題や事象の理解を深めるためには、その物事を細かく分解していくというアプローチがシンプルかつ効果的です。

分解のやり方はいろいろありますが、大抵の場合は、「いつの話か」「誰がかかわっているか」「どこで発生したか」を考えれば事足ります。

具体的な例で言うと、「3日前に、前工程を担当する田中さんと、次の工程を担当する山田さんの間で、田中さんの作業終了の連絡が実行されなかったため、山田さんの作業着手が遅れた」というふうに捉えていくことになります。

この例の場合であれば、

・いつ＝3日前
・誰が＝田中さんと山田さん
・どこ＝2人の工程の間

によって、「山田さんの作業スタートの遅れ」が引き起こされたことがわかります。

このレベルで物事を理解できていれば、再発防止策としては、「ひとつ前の工程が終わったら、次の人に連絡するように徹底する」という打ち手に加えて、「期限になっても連絡がなければ、前の工程の人に確認する」という後ろ工程の担当者による防止策を講じることもできるでしょう。

ここで大事なのは、遅れが出たときに、それをどのようにリカバリーするのかだけではありません。

小さな遅れは、取り戻すのが比較的容易です。しかし、それが積み重なって大きな遅れになると、残念ながら、その遅れを取り戻すのは困難になります。小さな遅れが発生した時点で、今後、同じ問題が起きないようにするための策を練っておかなければ、取り返しがつかないことになってしまいます。

また、もうひとつ注意すべきは「ミスした人を懲らしめるための調査ではない」と、あなた自身が強く意識するとともに、あなたのチームメンバーにもしっかりと理解してもらうことです。

私たちが目指しているのは、得たい成果に向けて、遅滞なく進み、期限までにたどり着くことです。犯人探しをして、その犯人を罰しても、誰か（同じ人かもしれませんし、別の人かもしれません）が、また同じ失敗をすれば意味がありません。

同じミスが二度と起こらないように工夫することこそが、計画通りに仕事を進めるための最良の方策です。

H：Harmonize 調和させる

仕事の「仕上げ」と「振り返り」

定められた納期に向けて、きちんと仕事を進めてきたら、最後の仕上げです。あいまいなままに仕事を終えるのではなく、しっかりとまとめ上げましょう。これまで進めてきた仕事の依頼主（お客様、上司、先輩など）の、期待通りの結果にたどり着いているか確認するとともに先方からのフィードバックをもらいましょう。

仕事を進めていく上でもっとも大切なのは、「その仕事でしっかりと価値を生み出す」ことです。しかし、この先も高い成果を出し続けるためには、仕事をやり切ったタイミングで、今後の仕事の品質を高めることに軸足を移していく必要があります。

私たちは、日々、仕事を繰り返していきます。同じような内容の仕事に出会うこともありますし、一見すると別物であっても、本質的な部分では似ている仕事をすることも多いでしょう。せっかくの経験を次の仕事に活かすためには、仕事を理想的な形で終えることが、とても重要になってきます。

ここでは、このステップを「H：Harmonize／調和させる」と呼びます。

長い時間と労力をかけた作業の集大成です。相手の期待する状態にまとめ上げ、また、その仕事に対する評価をしてもらいましょう。仕事の手順に則って積み上げてきたものが、ここに結実し、全体の調和が取れるのです。

具体的には、

- **「仕事の終わり」を確認し、フィードバックをもらう**
- **成果を振り返り、問題点・改善点を次に活かす**

といったことです。

「仕事の終わり」を確認し、フィードバックをもらう

クライアントや仕事の依頼主がいる場合は、しっかりと納品することです。納品というと製品や資材のようなものに限定された印象を持つかもしれませんが、それには限りません。「これで終わり」と仕事の完了を宣言し、相手も「終わった」と認識することが、納品です。

「ここまでがご契約範囲内」「ここまでが料金の範囲内」「ここまでが責任範囲内」と、仕事に取り掛かる前に相手と自分の間で合意を取ってあれば、のちのち揉めることがありません。

契約範囲、料金の範囲、責任範囲については、A（すり合わせ）のステップで、G（目的・目標）と、R（道筋・打ち手）を確認しているはずです。

最後の仕上げにその内容をしっかりと満たしていることを依頼主にお伝えして、ご理解と納得をしていただきましょう。

終わり良ければすべて良し。最後にしっかりと終わりを確認することができ、それ

で、相手が満足してくれたのならば、そこに至るまでの多少のミスや失敗は、不問に帰されます。何事も、仕上げが肝心なのです。

「仕事の終わり」について相手が納得してくれれば、その仕事に対する責任は果たしたということになります。ここからは、次の仕事に向けたアクションです。

それが、フィードバック、つまり、「評価やコメントをもらう」ことです。

相手が上司や先輩であれば、遠慮することなく「フィードバックしてください」「よくなかった点や改善すべき点があれば教えてください」とストレートに質問をぶつけましょう。

ここでひとつポイントがあります。

それは、**「ダメなところはありましたか?」とは言ってはいけない**ということです。

特に、お客様に対して「何かダメなところはありましたか?」というような直接的な表現でネガティブな質問をすると、相手に不満だったこと、よくなかったことを思い出させてしまい、評価が下がるリスクがあります。

お勧めしたいのは**「ポジティブに聞く」**ことです。たとえば、

- **ご満足いただけましたでしょうか？**
- **次回、また機会をいただくとしたら、もう少しお手伝いできる部分はありますか？**
- **連絡方法や、情報連携の進め方など、見直すべきところはありましたか？**

このように、後ろ向きにならない聞き方を意識しましょう。

具体的なアウトプットの品質や、アウトカムに関しては深く踏み込まない、というテクニックもあります。どちらかというと、そこに至る仕事の進め方、仕事のプロセスなどについて、改善すべき点を教えてもらうように心掛けるといいでしょう。

数字的な成果における「ハーモナイズ」

数値目標を追いかけている場合は、最初に、目標を達成できたのか確認しましょう。

目標数値に届かなかった場合には、問題点や改善点を明確にする必要があります。

「G（目的・目標）」のゴール設定がそもそも高すぎたのか、目標は妥当だが「R（道筋・打ち手）」に問題があったのか、あるいは、「P（実行・進捗管理）」において問題が起こっていたのか……などを明確にしていきましょう。

問題なくゴールを達成できた、目標以上の数値が出た場合には、目標が低すぎた可能性についても、思いを巡らせるべきです。

もっともいけないのが、やりっぱなしで振り返りもせず、次のプロジェクトや仕事の案件に進んでしまうことです。

特に目標としていた数字に届かなかった場合は、しっかりと自分が納得でき、また、再発防止を考えられるように原因分析を行うことが大切です。

もちろん、仕事によっては市場環境の変化、タイミングなどといった不可抗力的な原因もあるかもしれませんが、それでも、失敗の原因を探り、何か対策が練られないのか考えるべきです。

この振り返りを、漠然かつ漫然と行うのではなく、大事な仕事のプロセスとしてセットしておくことで、失敗を繰り返すことは減り、成功の再現性が上がります。

いわゆるPDCAにおけるチェックとアクションです。この振り返りの質が、次の仕事の質に直結していくのです。

「GRAPH」は、目線の切り替えの順番

「リーダー」「実行者」「相手」の3つの目線

ここまで、仕事の順番「GRAPH」について、説明してきました。

この5つのステップを守れば、日々の仕事からの学びが増え、その仕事の質は上がっていきます。また、しっかり考えて仕事に取り組むという姿勢そのものが、周囲からの高い評価につながります。

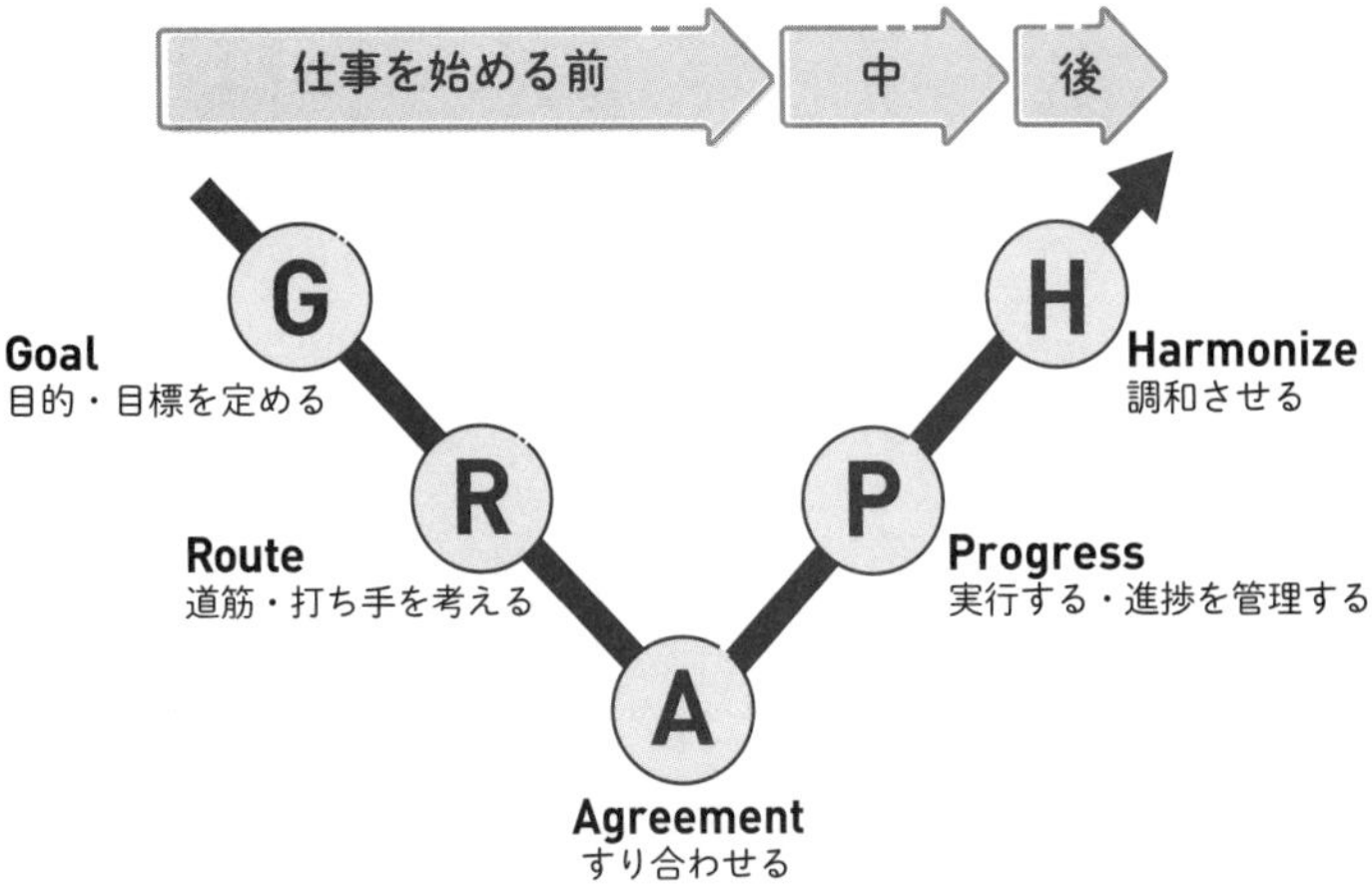

一連のステップでとても重要なポイントは**「仕事に着手するまでに、G、R、Aの3つのステップがある」**ことです。

まどろっこしく感じるかもしれませんが、仕事中に進捗を管理し（P）、終了後に振り返りを行う（H）ためには、最初の「G、R、A」の3つを欠かすことはできません。

もちろん、仕事の種類や性質によっては「G、R、Aに長い時間をかけていられない」ことも多いでしょう。

しかし、10分でも3分でも、それすら難しければ1分でもいいので、目的・目標（G）や道筋・打ち手（R）について考える時間を取りましょう。そして、その内容を踏まえて、一言二言でもいいのですり合わせ（A）のステップで、短い会話でもいいので、適切な相手に確認しましょう。

また、このステップは、「目的・目標（G）」について自分自身でしっかりと考えることに始まり、その内容が完遂されたかどうかを自分自身で振り返り調和させる（H）ことで終わります。これは、リーダーの目線です。

そして、いろいろな外的要因を踏まえて実行可能なやり方を計画（R）し、その通りに実行（P）していきます。これは、実行者の目線です。

その真ん中に、相手とすり合わせを行い合意する（A）があります。これは、相手の目線で考えるということです。

「GRAPH」という考え方は、リーダー、実行者、相手、という3つの目線をしっかり切り替えていくという仕事の進め方です。

この考え方を身につけることができれば、あなたがチームを率いるときにも、あなたが顧客となって外部の人たちに仕事をお願いするときにも、「どのように考え、どのように指示すればいいいか」を見極めることができるはずです。

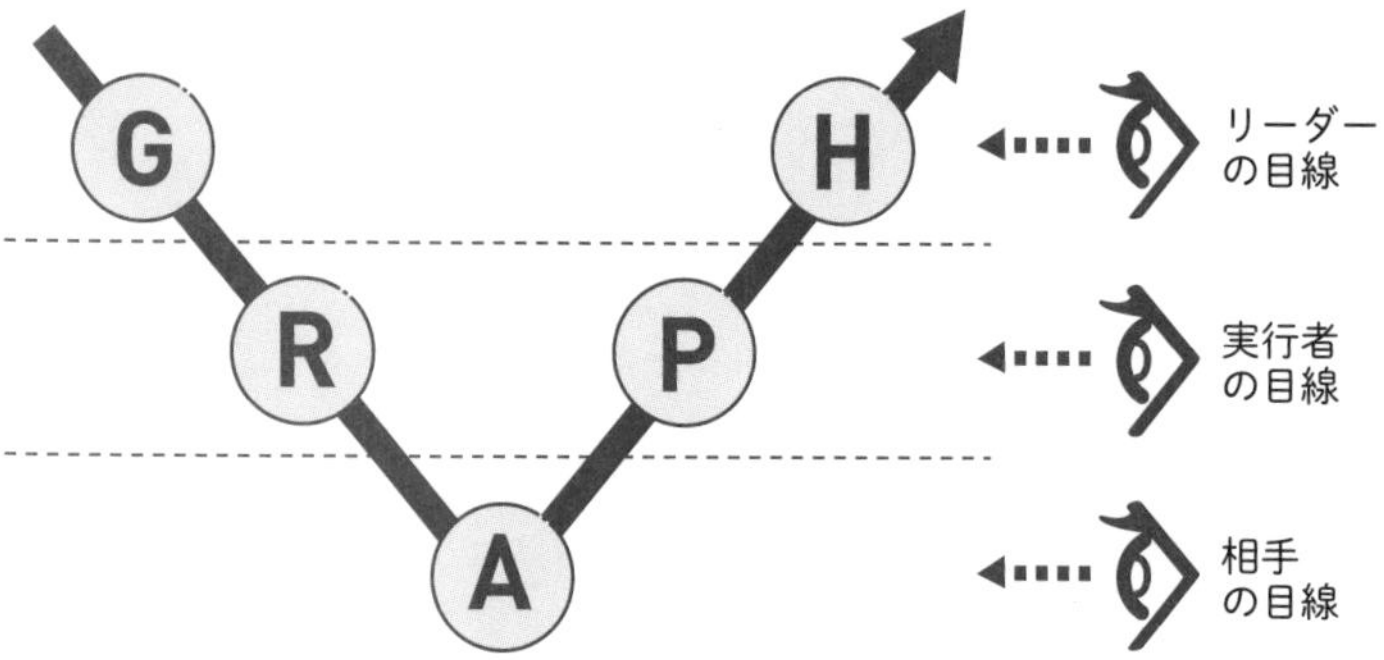

さて、ここまでご紹介したものが、仕事の基本の型となる仕事の順番「GRAPH」です。

大きな枠組み、基本の型としての仕事の順番を見てきましたが、次章からは「GRAPH」の枠組みを離れて、より具体的な仕事の進め方、考え方をお伝えしていきたいと思います。

仕事の種類は、小さなものから大きなもの、ひとりでこなすものから大人数と関わりつつ進めるプロジェクトまで千差万別です。

しかし、どのような仕事であっても、これからお伝えする仕事の順番、進め方、考え方を駆使することで、効率よく高い生産性を実現するとともに、確実な成果を得ることができます。

第3章

仕事の質とスピードを上げる「終わらせる」順番

毎日の仕事効率を上げる方法

「重いタスク」に取り掛かる前に、「軽いタスク」を片づける

大事な仕事のために、脳内メモリーを空ける

目の前に、深く考えたり、しっかり集中したりしないとやり切ることが難しそうな「重いタスク」と、サクッと片づけられそうな「軽いタスク」があったときに、あなたは、どちらから手をつけますか。

私の考える正解は「軽いタスクを、さっさと終わらせる」です。

人間の脳内メモリーは有限ですから、一度に多くのことを考えたり、それらを同時

に処理したりするのは困難です。何かひとつの物事にあたる際には、どうしても、そのことだけに処理能力を集中させることになります。

重いタスクは、長い時間がかかりますし、高い集中力も求められます。長時間集中して仕事をするときには、あらかじめ、気が散る要素を減らしておくことが望ましいです。

軽いタスク、たとえば、メールを返信する、会食のお店を予約する、打ち合わせの時間を調整する、会議室を押さえる、年末調整の書類を提出する、オフィスのコーヒー豆を注文する……といった「その気になれば一瞬で終わること」は、日々の仕事のなかでたくさんあります。

そういう軽いタスクをやらないままにしておくと、重いタスクに集中できません。

たとえば、大事なお得意様向けの営業資料を作る、来年度の売上目標をエリア・支店に割り当てる、四半期ごとの生産計画の振り返りと翌四半期の計画変更をする、コストと品質のバランスを確認して仕入先を見直す……などの「じっくり考えなければいけないこと」をやっているときに、「あ、年末調整の書類を出さなきゃ」「明日のお店を予約していない。どこにしようか……」「そういえば、コーヒー豆がなくなっちゃうなぁ」なんてことが脳裏に浮かんでしまうと大変です。集中力も実行力も鈍ってしまい、仕事のパフォーマンスが低くなってしまいます。

「シングルタスクでサクサク終わらせる」のが一番速い

大事なのは、できる限りシングルタスクでサクサク終わらせることです。

軽いタスクがあれこれ残っている状態で仕事をしていると、実際にはひとつの作業しかしていなくても、脳内で軽いタスクが気にかかりマルチタスク状態になってしまいます。これでは、重いタスクに集中できません。

せっかくやる気を出して取り組んでいる重要な仕事から、意識が引き離されてしまいます。一度途切れた集中力は、再度高めるのに時間がかかります。これを繰り返していては、仕事の効率は上がりません。

軽いタスクは、数こそ多いのですが、一つひとつはそんなに深く考える必要のない単純作業です。3分とか、5分とか、そういう短い時間で終わらせることができるものばかりです。そこで、朝一とか、昼一とかのタイミングで、一息にまとめて終わらせてしまいましょう。そして、残りの時間は、重い仕事だけに集中していくのです。

そうしたところで、突然電話がかかってきたり、メールが飛んで来たり、上司や先輩に声をかけられたりして、突然、軽いタスクが降ってくることもあります。

そういう**軽いタスクが降ってきた場合に、お勧めなのは「その場で終わらせる」**ことです。「今、これに集中しているからあとでやろう」と考えて先送りしていると、どんどんと軽いタスクが溜まってしまいます。

できる限り、その場、その瞬間に軽いタスクを終わらせるように心掛けましょう。

そもそも、電話やメール、あるいは話しかけられたというタイミングで、すでに集中力は途切れています。どうせ集中できていないのですから、その場で、さっとメールを返す。さっと打ち合わせの時間調整をする。さっとコピーを取って上司に渡す。そんなふうに終わらせてしまいましょう。

そして、コーヒーを飲んだり、軽くストレッチをしたりして気持ちを一新したうえで、また元の重いタスクに戻り、深く集中して仕事を進めていくことをお勧めします。

優先順位をつけて終わらせる方法

「手当たり次第に終わらせる」より先に、「やらない仕事」を見極める

「忙しい樵（きこり）」になってはいけない

「やるべきことが多すぎて、にっちもさっちもいかない」

「そんな状況なのに、また上司が『これもお願いできるかな』と言ってきた。もう勘弁してほしい……」

こういうとき、あなたは、どうやって対処しているでしょうか。

目の前に積まれた仕事を、ただひたすら手当たり次第に片づけようとしてはいませんか。ときにはそういうやり方しかできない状況もありますが、もし、常にそんな感

じなのだとしたら、仕事のやり方を変える必要があると言えます。

とても忙しい樵（きこり）の寓話（ぐうわ）をご存じでしょうか。

毎日毎日、休む間もなく木を切るのに忙しくて、斧を研ぐ暇がない。切れ味の鈍った斧で木を切っているので、作業スピードも上がらない。だから、ますます木を切る時間が長くなる。そんなお話です。

仕事で大変なときも同じです。木を切る手を止めるのは、怖いかもしれませんが、少しだけ立ち止まって考えて、斧を研ぐ時間を取りましょう。

ポイントは、「重要度」と「緊急度」の2つの軸で仕事を捉えて整理することです。

次のような手順で進めましょう。

1 すべての仕事をリストに書き出す
2 重要度と緊急度で整理する
3 やらないこと、他人にお願いすることを決める
4 急ぎの仕事（緊急度：高）を片づける
5 納期に余裕のある重要な仕事に手をつける

1 すべての仕事をリストに書き出す

最初に、「今やりかけている仕事」「手をつけられていないが本当はやったほうがいい仕事」をリストアップします。細かいものも含めて、すべて書き出しましょう。同期との食事会のセッティング、年末調整の書類提出といった細々とした「軽いタスク」も、すべて書き出してください。

この時点で、何かしらの判断や取捨選択をする必要はありません。むしろ、しないほうがよいです。まずは、リストを作ることに注力しましょう。

2 重要度と緊急度で整理する

もし、これが10行くらいであれば、安心してください。悩むほどのことはありません。息を止めて走り切れるボリュームです。気合を入れてやれば終わります。

しかし、これが30行くらいになったらどうでしょう。100行近くある人もいるかもしれません。そうなったときに、やるべきことは「優先順位づけ」です。

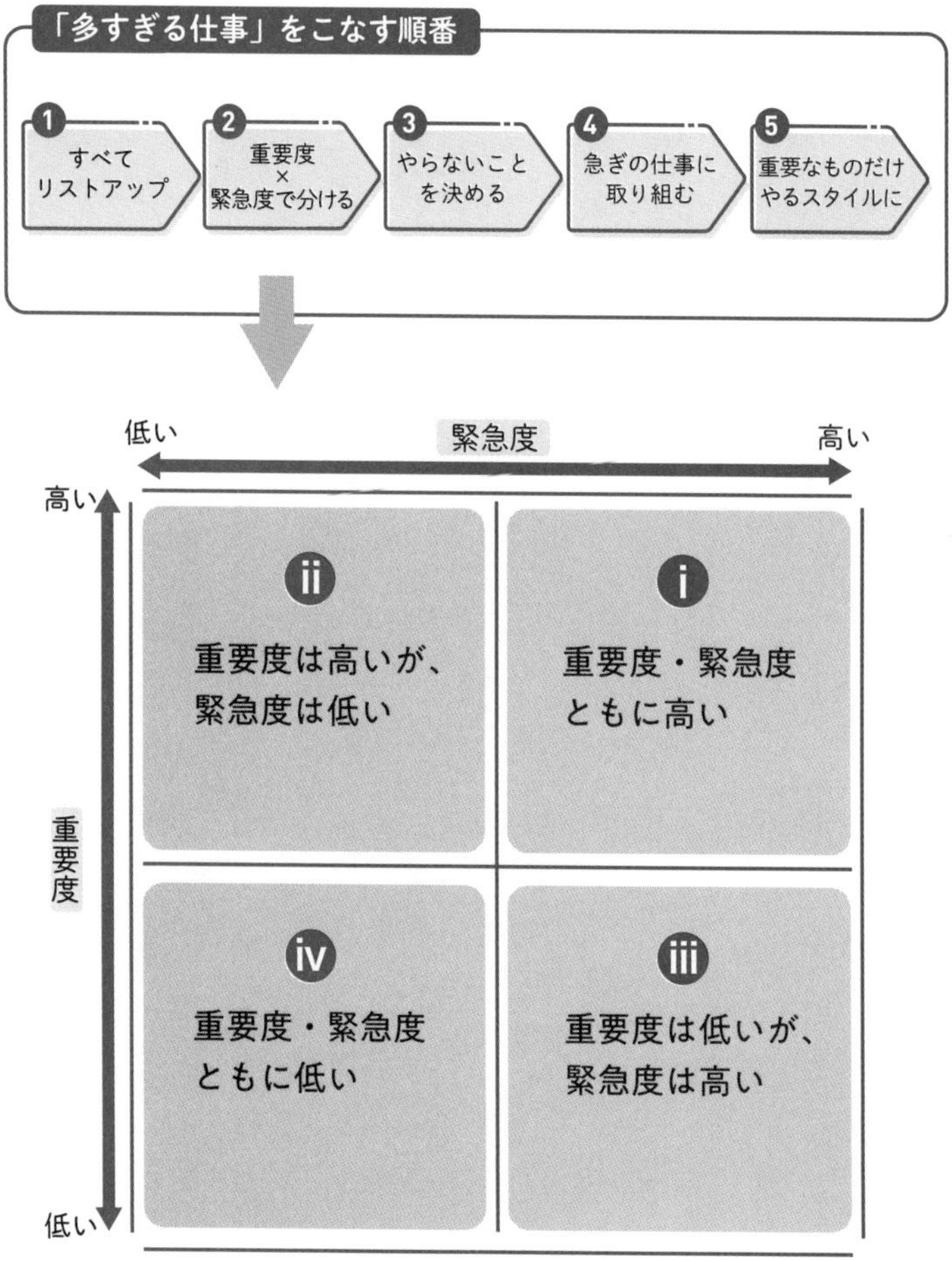
「多すぎる仕事」をこなす順番
1 すべてリストアップ
2 重要度×緊急度で分ける
3 やらないことを決める
4 急ぎの仕事に取り組む
5 重要なものだけやるスタイルに
緊急度
低い
高い
重要度
高い
低い
ii 重要度は高いが、緊急度は低い
i 重要度・緊急度ともに高い
iv 重要度・緊急度ともに低い
iii 重要度は低いが、緊急度は高い

優先順位づけには、「4象限のマトリックス」を使います。シンプルですが、効果的なツールです。先ほどのタスクリストの一行一行に、「どれくらい重要か」と「どれくらい緊急か」という評価をつけて、各象限に配置してください。

緊急度については、具体的な納期・締め切りを書いてしまうのもよいでしょう。納期が近いほど、緊急性が高いわけです。

こうして、あなたの抱えている仕事が、重要度・緊急度で見たときに、どういう割合になっているのかを俯瞰（ふかん）してみてください。二次元平面上にタスクを並べることで、それぞれの仕事の位置づけを、直感的に把握することができます。

3 やらないこと、他人にお願いすることを決める

整理した結果は、大きく次の4つに分類されます。

「i　重要度・緊急度ともに高い」
「ii　重要度は高いが、緊急度は低い」
「iii　重要度は低いが、緊急度は高い」

「iv　重要度・緊急度ともに低い」

「i」は、重要かつ緊急なので、最優先で今すぐ片づけたい仕事です。

「ii」は、重要ですが急いではいないので、少し時間的な余裕があります。

「iii」は、重要ではないので本来ならば後回しでよいのですが、納期が迫っているので早々に終えてしまう必要があります。

「iv」は重要でもないし、急ぎでもない仕事です。

「優先順位の高いものから処理」ではなく「やらないでOKなこと」を考える

このように仕事を分類した上で、最初にやるべきことは、「i　重要度・緊急度ともに高い」を実行する……ではありません。優先順位の高いものがわかったのだから、それをやろうと考えてしまいがちですが、それは良策とは言えません。

最初にやるべきは、「やらずに済ませるわけにはいかないか」を考えることです。

もちろん仕事なのですから、すべてのタスクは「やったほうがいい」に決まっています。しかし、今のあなたは、仕事があふれている状況、いわば緊急事態なのですから「盲目的に全部やる」ではなく、「やらずに済ませられるものは、やらない」という選択肢も考えるべきです。

つまり、

「タスクリストを減らす」

わけです。

まず考えるべきは、「本当に、このタスクをやる必要があるのか？」です。

特に「iv　重要度・緊急度ともに低い」に分類されるタスクは、必要性を疑いたくなります。とはいえ、多くの場合は「やる必要がある」という結論になるでしょう。

しかし、「よくよく考えると、やらなくてもよさそうなこと」も意外とあるものです。それらについては、「本当にやる必要があることなのか／やらないことで起こる問題は何か」を、上長や先輩など、適切な人に確認してみましょう。

「やる必要がある」となった場合であっても、今度は「誰か別の人にやってもらえないか？」と考えます。もちろん、ほかの人も忙しく働いているでしょうから、なんでもかんでも誰かに投げるわけにはいきません。

とはいえ、そういう仕事が得意な人や、同じような仕事を担当していてまとめて作業してしまうことが可能そうな人などがいるのならば、そこにお願いしてしまうことで、あなたのやるべきタスク量を減らせます。

当然、「やらないわけにはいかない」「誰にもお願いできない」というケースも多いでしょうが、タスクリストを減らせないか、と考えることは有用です。

ただし、このときに絶対に怠ってはいけないことがあります。

それは「上司や先輩に、確認すること」です。自分の独断で勝手にやらないと決めたり、部下や同僚に丸投げしたりしてはいけません。

「こういう事情で、こういう優先順位をつけていくと、これをやる余裕がありません」「こういう理由で、このタスクは必要性が低いと思います」などと、しっかり理由を伝えて、「やらないこと」または「誰かにお願いすること」についての承認を得るようにしましょう。場合によっては、「スキルアップのためにあなたにやってほしいと思っているから、ほかの人に頼むのはダメ」などの理由を教えてくれるかもしれません。その上で、「だから、ほかの〇〇の仕事は別の人に渡して、こちらをやってください」とか「納期を3日延ばすから、必ず自分でやってください」などの方針を上司が出してくれれば、目の前の仕事を減らすことにつながります。必ず、相談しましょう。

4 急ぎの仕事（緊急度：高）を片づける

さて、タスクリストが少し減り、気持ちに余裕ができたところで、緊急度の高い仕事（ⅰとⅲ）に着手します。ただし、ここでも、可能な限り「重要度が高いもの」つまり、「ⅰ」から終わらせましょう。

もし可能ならば、重要度が低いにもかかわらず緊急度だけが高い「ⅲ」は、先ほどの手順3のタイミングで「いっそやらずに済ませられないか」「誰かにお願いできないか」と考えておくとよいでしょう。

ただ、「ⅲ」は「ⅳ」とは違い、納期が迫っています。そのため、突然やめることはできないとか、急すぎてお願いする相手を見つけられないということも十分にあり得ます。そのため、あきらめて自分でやってしまうことになりがちです（そうならないために、まだ納期に余裕がある「iv」のうちに、リストから消すことが大切なのです）。

ここは頑張りどころです。全力で「i」「iii」を終わらせてしまいましょう。もたもたしていると、「ii　重要度は高いが、緊急度は低い」の納期が迫ってきて、「i　重要度・緊急度ともに高い」に進化してしまいます。そうすると、また、時間に追われることになり、一向に仕事が楽になりません。

5　納期に余裕のある重要な仕事に手をつける

さて、無事に緊急度の高い仕事（i、iii）を終えたら、重要度が高い「ii」に手をつけます。もちろん、取捨選択を行った「iv」のうち、手元に残っているものもさっさと終わらせたほうがよいでしょう。

「ii」と「iv」のなかでも「重要なもの（つまり「ii」）をどんどん終わらせる」ということに注力していくほうがよいです。

この状態になれば、仕事はかなりコントロールできています。新しい仕事が飛び込んできたら、まずは重要度で整理し、重要度の低いものは、「やらない・ほかの人にお願いする」を検討します。重要度が高ければ、納期を確認しながら、先手先手で手をつけます。

大切なのは**「緊急度が低いうちに仕事を片づける」プランニングにする**ことです。

当然ながら、いきなり緊急度が高い仕事を受けることもあるでしょう。しかし、そういう場合にも、締め切り間近の仕事が手元になければ、急な依頼にも落ち着いて対応できます。

「緊急の仕事に追われる日々」から脱却し、「重要度で仕事を振り分ける落ち着いた生活」に切り替えるために、仕事のやり方を見直しましょう。

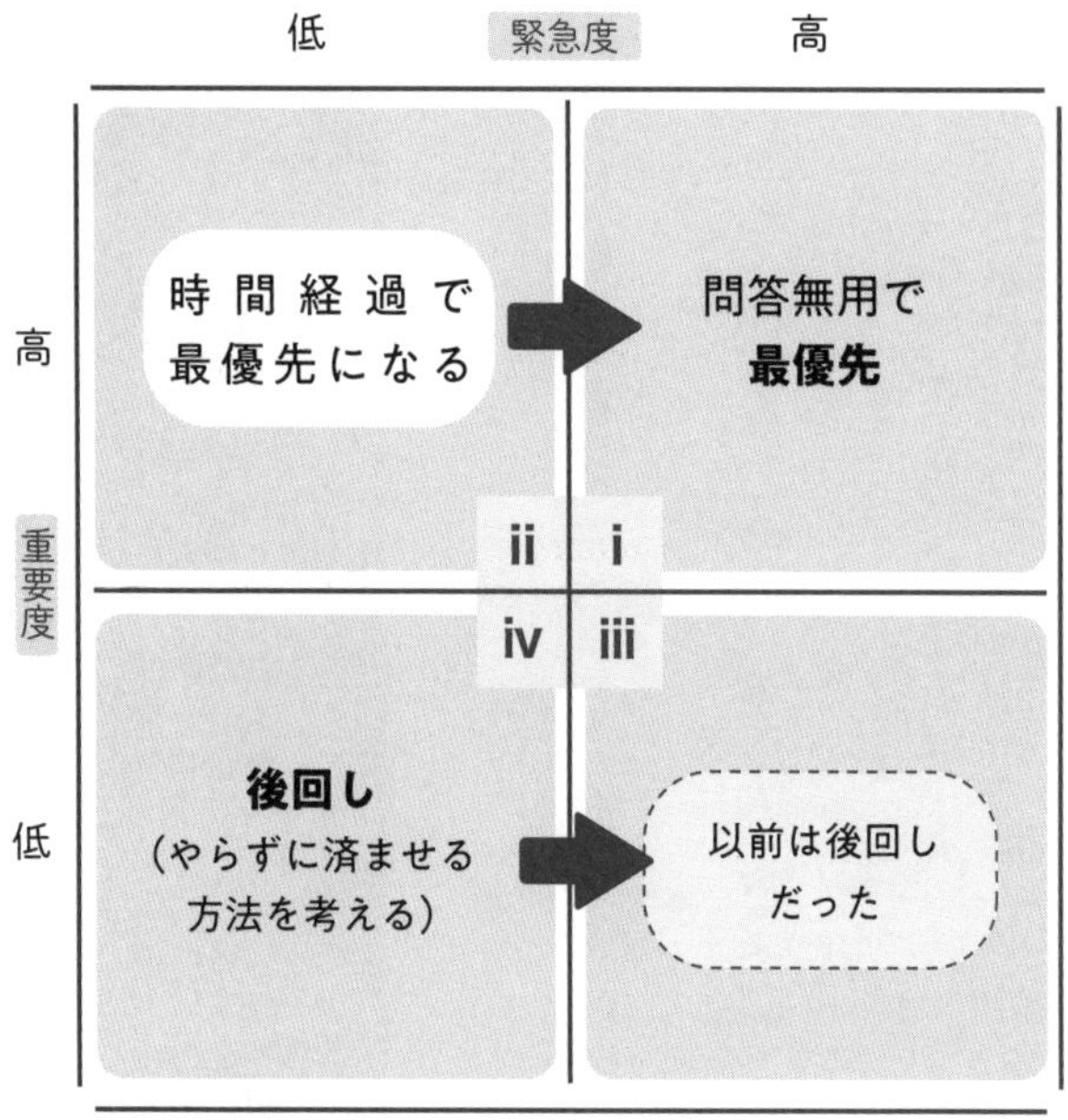

「ⅰ」と「ⅲ」の緊急度の高い仕事を終わらせ、
「ⅱ」の重要なものに注力していこう。

「緊急度が低いうちに仕事を片づける」のが大事

実行力を上げる方法

「やることが決まったらすぐ動く」の前に、「作業単位のフローに分解」する

行動に移す前の「フロー化」で、仕事はスムーズに進む

何をやるべきかが決まり、その仕事の大きな手順・進め方が見えたら、すぐに手をつけていませんか？

それは、あまり賢いやり方ではありません。

深く考えずに行動すると、多くの場合、手戻りが発生します。

まずやるべきは、**「具体的な作業計画」「作業単位のフロー」**といった**「実際にやること」に分解し、細かく落とし込む**ことです。

営業の仕事でいえば、電話での説明内容を考える、電話をかけて説明する、次のアポイントに向けて提案資料を作る、割引率に関して上司に確認を取る、手土産を用意する、訪問して説明する、お礼状を送る、のような流れがあるはずです。

これが、具体的な「やること（タスク）」です。

たとえば、「お客様の困りごと・課題感のヒアリング」について、実際に「やること」を細かく考えてみましょう。クライアントから課題感を聞き出すためには、「うまく聞くための準備」ができていなければなりません。そうすると、

- 先方の業界・業種について調べ、その特徴や昨今の動向を理解する
- 先方の会社・事業の状況を把握し、どのような困りごとがありそうか類推する
- （可能ならば）その類推した困りごとについて、上司や先輩に確認し、意見をもらう
- 自分なりに導き出した困りごとについて、どういう提案ができそうか考える
- ここまでの情報を「伝えたい内容」として整理する
- 「伝えたい内容」を、相手に合わせて、どうやって伝えるとよさそうか考える
- （必要であれば）ヒアリングのための資料や、質問票を作成する

・当日、ヒアリングする

このような、個別のタスクに分解することができます。

なお、「伝え方を考える」ときには、相手にどのくらいの前提知識があるのか、こちらの商品・サービスについてどのくらい知っていて、どの程度の興味があるのか、などを考慮する必要があります。

そのため、「伝え方を考える」というタスクの前に「先方のバックグラウンドについて、上司・先輩に確認する」というタスクを追加しておくのもよいかもしれません。

いずれにしても、こうして**個別のタスクを洗い出して、並べてみることが大切**です。

その上で、実際に自分がそれらのタスクを行っている姿を、できるだけ具体的に想像します。何を調べるか、誰に確認するか、どういう資料を作るか、どういう順番で質問するか、相手はひとりか複数人か、ヒアリングは何回行うか、事前に質問票を渡すかどうか……など、できる限り高い解像度で状況を想定しましょう。

また、後輩や部下、チームメンバーなど、一緒に作業をこなす人たちがいる場合に

郵便はがき

料金受取人払郵便

牛込局承認

5044

差出有効期限
令和6年5月
31日まで

162-8790

東京都新宿区揚場町2-18
白宝ビル7F

フォレスト出版株式会社
愛読者カード係

フリガナ お名前	年齢　　　歳 性別（ 男・女 ）
ご住所　〒 ☎　　（　　　）　　FAX　　（　　　）	
ご職業	役職
ご勤務先または学校名	
Eメールアドレス メールによる新刊案内をお送り致します。ご希望されない場合は空欄のままで結構です。	

フォレスト出版の情報はhttp://www.forestpub.co.jpまで!

フォレスト出版　愛読者カード

ご購読ありがとうございます。今後の出版物の資料とさせていただきますので、下記の設問にお答えください。ご協力をお願い申し上げます。

●ご購入図書名　「　　　　　　　　　　　　　　　　」

●お買い上げ書店名「　　　　　　　　　　　　　」書店

●お買い求めの動機は?

1. 著者が好きだから　　2. タイトルが気に入って
3. 装丁がよかったから　　4. 人にすすめられて
5. 新聞・雑誌の広告で(掲載誌誌名　　　　　　)
6. その他(　　　　　　　　　　　　)

●ご購読されている新聞・雑誌・Webサイトは?

(　　　　　　　　　　　　　　　　)

●よく利用するSNSは?(複数回答可)

□Facebook　□Twitter　□LINE　□その他(　　　　　)

●お読みになりたい著者、テーマ等を具体的にお聞かせください。

(　　　　　　　　　　　　　　　　)

●本書についてのご意見・ご感想をお聞かせください。

●ご意見・ご感想をWebサイト・広告等に掲載させていただいてもよろしいでしょうか?

□YES　□NO　□匿名であればYES

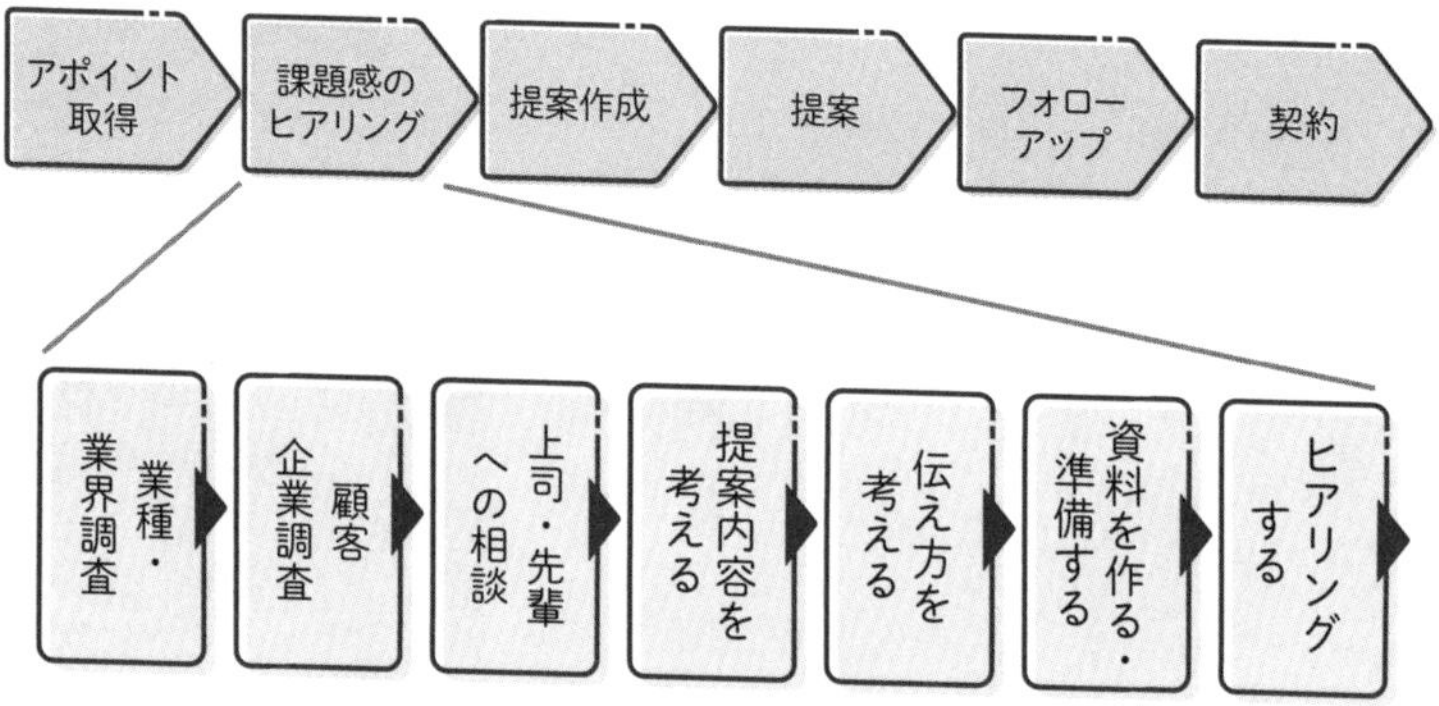

は、どのタスクを誰が行うのかも考えておく必要があります。たとえば、業界・業種については、後輩に調べてもらう、ヒアリング資料や質問票の叩き台をチームメンバーに作ってもらう、などが考えられますね。

その場合には、あなたのタスクは「調査をする」ではなく「調査結果を聞く」に、「資料を作る」ではなく、「資料のドラフトをレビューする」になります。

このようにしっかりと整理できれば、最終的に目指すゴールまでに、誰が、何を、どういう順番で実施すればよいのかが明確になります。この情報を周囲に共有すれば、認識のズレも起こりません。

個人で動く場合でも、チームで動く場合でも、このようにして「全体の流れを具体的にイメージしておく」ことで、仕事を進めるなかで、迷子になるリスクをぐっと減らすことができるのです。

「締め切り」を意識する前に、「作業時間」を見積もる

感覚的な「粗い見積もり」をやめる

スケジュールを決めるときに、意識すべきことはなんでしょう。

「何を、いつまでにやるのか」

一言でいえば、これだけです。

極めてシンプルなことですが、これが、なかなか難しい。なぜ、人は締め切りに間に合わないのでしょう。スキルが足りない、作業が遅い、行動が遅い、集中力がない……など、原因はいろいろ考えられます。

しかし**一番の問題は、「作業時間を見積もる」を怠ること**にあります。
作業時間を見積もらない、もしくは見積もりが甘いと、作業がズルズルと遅れていきます。焦って遅れを取り戻そうとしても、遅れを取り戻すための作業に対する見積もりも甘い状態で取り組んでしまうため、結局間に合いません。

多くの人は「締め切り」については意識しますが、なぜか「作業時間」については考えません。

「作業時間の見積もりくらいやっているよ」と思う方もいるでしょう。

しかし、実際のところ、「この作業はだいたい1日かかる」「企画書は1週間くらいあればできるだろう」のような見積もりになっている方が多いように思います。

この感覚的で、おおまかな時間見積もりをもとにスケジュールを立ててはいけません。**仕事の質とスピードを上げるためには、「粗い作業見積もり」は禁じ手**です。


人の集中力は、90分と言われます。長く見積もってもせいぜい数時間でしょう。長時間集中し続けて、高い質の思考と作業をやり続けるのは、かなり難しいことです。

一方、「この仕事は3日かかる」というふうにざっくり見積もると、そこには、実際の作業時間のほかにも、さまざまなものが含まれてしまいます。休憩時間、食事の時間、睡眠時間、ちょっと気分転換をする時間、スマホを見る時間、など、仕事と関係のないものがたくさん入ってきます。

もちろん、「締め切り」は3日後、5日後などに設定されていてもかまいません。しかし、作業時間は細かい作業単位で、長くても1~2時間程度、短ければ5~10分単位で見積もるべきです。

できるだけ細かく作業時間の見積もりを行う

ひとつ例を挙げましょう。たとえば、先ほどの課題ヒアリングにおける、最初の「先方の業界・業種について調べ、その特徴や昨今の動向を理解する」について考えてみます。

具体的な作業内容と、その所要時間の見積もりは、

－業界・業種について、インターネット検索をして、手書きのメモを取る：30分
－手書きのメモをもとに「特徴」「概況」をまとめる：20分
－そこまでに調べた内容で、昨今の動向や、将来の動きなどがわかるか考える：5分
－足りない情報があれば、それについて、インターネットで調べる：30分
－十分な情報があれば、動向をまとめる：15分

〈1時間10分（追加調査なし）〜1時間40分〉

追加オプション：インターネットだけでは情報が足りない場合

－書籍を探してオンラインで購入する：20分
－届いた書籍を読み込む：2時間
－書籍の内容をもとに、特徴、概況、動向に情報を追加する：30分

〈2時間50分〉

こんな具合に考えてみることができます。

「ここまで細かく設定しなきゃいけないの？」と感じる方もいるかもしれません。しかし、ぜひトライしていただきたいと思います。

最初は面倒かもしれませんが、何度か繰り返すうちに、コツも掴め、作業時間の見積もりの精度も上がります。

ここに書いた作業は、最短1時間10分。インターネットを使った追加調査をするなら1時間40分です。

一般的に、一日の労働時間は8時間ですから、この日は、残り6〜7時間は別のことに時間を使えることになります（書籍を買う場合も、当日の業務時間に受け取ることはできないため、この日は「書籍探し＋オンライン注文」の20分だけです。もちろん、電子書籍であれば、その日のうちに読むこともできます）。

この考え方のよいところは、予定通りの時間で作業が終わらなかったときに、どこに原因があるのかがわかるところです。どの作業が想定よりも長くかかったのか。それはなぜなのか。見積もりが甘かったのか、不測の事態が起こったのか、など細かな単位で原因を振り返ることができます。

細かな見積もりをしないまま作業を進めてみて、3日後に、なぜか半日分作業が残ってしまっていた、となっても、その原因を明らかにするのは困難です。

また、見積もりがあれば、仕事を進めている最中に、自分が予定通り進んでいるのか、遅れているのか、あるいは、順調に進んで予定よりも早いのか、について把握することができます。

もし、遅れていると判明した場合には、どうやって遅れをリカバリーするのかを早々に考え始めたり、上司や先輩に「このままでは間に合いそうにない」というアラートを上げたりすることができます。

未来の自分が困らないよう、仕事を始める前にしっかりと「どの作業に、どれくらいかかるのか」を考えておきましょう。そうすれば、締め切りに追われることが少なくなります。

「間に合うかどうか」を気にする前に、「いつから着手するか」を考える

作業をスケジュールに落とし込むコツ

もうひとつ、スケジュールへの落とし込みのコツをお伝えします。

先ほどの悪い例のように「ざっくり3日かかる」という作業見積もりをしていたときは、見積もり結果がそのままスケジュールになっていたはずです。しかしながら、今回、私たちは「もっと細かい作業単位で、作業時間を見積もった」状態にあります。

今度は、それを自らの勤務時間にあてはめていきましょう。

ここで大事なのは、「何に、いつから手をつけるか」を意識することです。

仕事が毎回締め切りギリギリまでかかったり、**遅れたりしてしまう最大の要因は、「締め切りが近づくまで手をつけないから」**です。仕事の緊急度が上がってから、さぁ手をつけよう、と思い立っても、もはや十分な作業時間が残されていないということになります。

「いつから手をつけるか」を意識し、明確な作業の進め方をイメージしておくことで、締め切りに間に合うように、段取りをつけて仕事を進められます。

会社に勤めている場合、通常、多くの事務作業が存在します。「営業は、営業活動だけをしていればいい」とはなりません。朝会に出席したり、上司との面談があったり、部下の相談に乗ったり、経費精算や勤怠管理のための作業があったりします。もちろん、昼食の時間や休憩時間もあります。

また、多くの場合、ひとつだけの仕事を担当しているわけではありません。

営業ならば複数のお客様を担当して、それぞれのお客様の状況に応じた対応を行っているでしょう。経営企画職であれば短期計画・中期計画を立てながら、複数事業の戦略を確認したり、予算との乖離を見定めて対策を検討したりします。何かひとつだけに集中し続けられる環境は、それほど多くはありません。

そのため、細かい単位に分解して作業時間を見積もった上で、ほかの仕事と組み合わせて、一日一日のなかに組み込んでいくことが必要になります。

ある日は、この仕事のために3時間使えるが、次の日はほかの仕事が忙しいので1時間しか使えないといったことは、当たり前にあるはずです。

そうしたなかでは、ある仕事の合計作業見積もりが10時間だったときに、2日あればできる、とは言い切れなくなります。「ほかの仕事も勘案すると、遅くても4日前には取り掛からないといけない」ということも十分起こり得ます。

ぜひ、「締め切りに間に合わせるためには、この日から手をつけておく必要がある」ということを、自分のなかで明確にした上で、作業スケジュールに落とし込みましょう。

これを上司や先輩に共有すれば、彼らは安心してあなたに仕事を任せてくれます。

また、あなたが部下やチームメンバーを指導する立場であれば、彼らにも同じレベルで作業スケジュールを考えてもらうようにしましょう。そうすることで、依頼した作業のアウトプットが、いつ頃、どういう状態で上がってくるのかをあらかじめ予測できますし、途中経過についても確認しやすくなります。

マイルストーンは「打ち合わせ」でセットする

こうして、何をやるかを考えた上で、締め切りまでの間に、マイルストーンを置きましょう。マイルストーンは日本語で「一里塚（いちりづか）」と言いますが、旅の途中の目安となる「道しるべ」です。自分が旅程のどこまで来たのかがわかります。

マイルストーンを設定しておくと、自分がいつまでにどこまで進みたいのか、またその予定通りにしっかり進んでいるかをチェックできます。

マイルストーンを置くときのポイントは「自分だけの予定にせず、他者を巻き込んだ予定」にすることです。上司や先輩、あるいは、部下やチームメンバーとの「打ち合わせ」の形でセットしておきましょう。

・3日後の金曜日に、業界調査の結果を「上司」に共有する
・月曜日の夕方に、お客様の課題についての自分なりの考えを「先輩」と話す
・水曜日の朝に、提案イメージを「メンバー」に伝えて資料作りを依頼する
・金曜日の夕方に、依頼していた提案イメージを「メンバー」から共有してもらう

このようにセットしておくことで、その期日までに、誰が何をしないといけないかが明確になり、遅滞なく仕事が進むようになります。

しっかりと計画を立て、先々を見通すことができれば、仕事の質は必ず高まります。そしてそれは、周囲からの「仕事ができる」という評価につながっていくことでしょう。

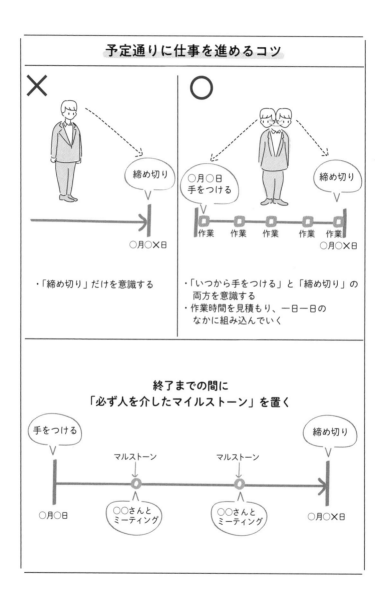

予定通りに仕事を進めるコツ

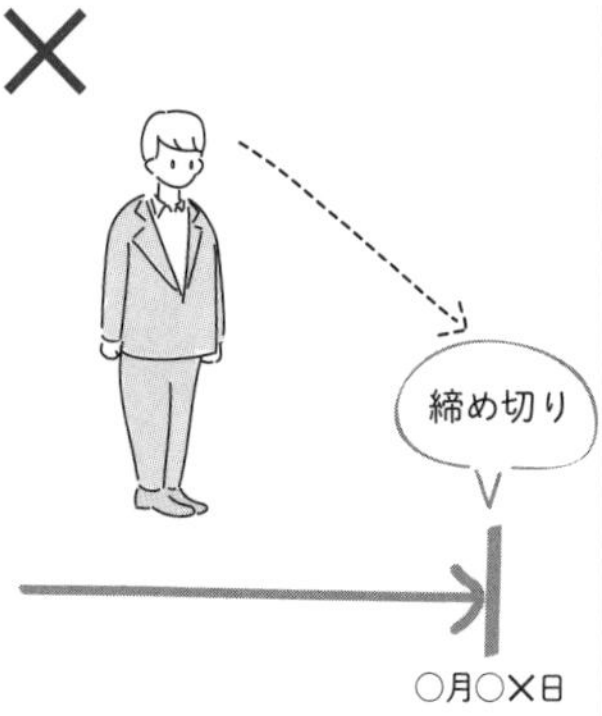

・「締め切り」だけを意識する

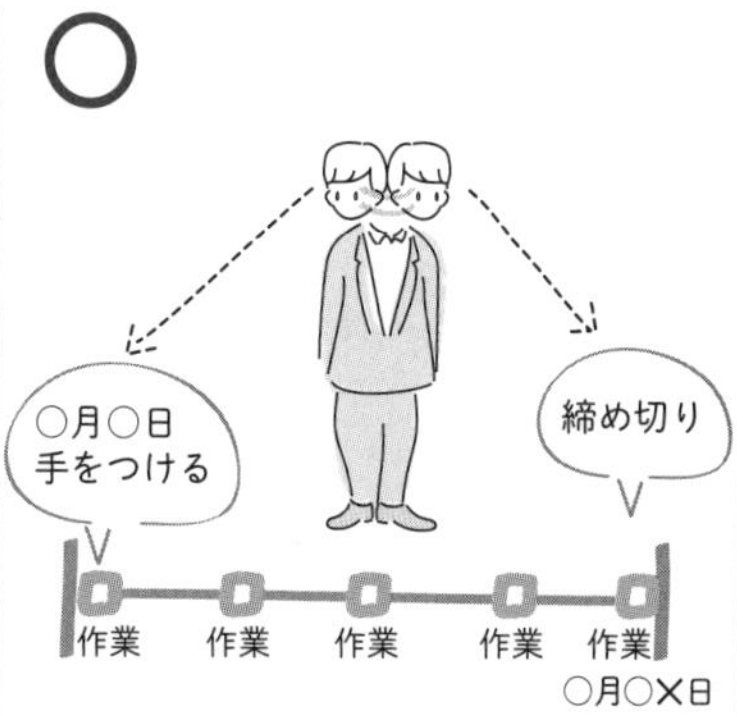

・「いつから手をつける」と「締め切り」の両方を意識する
・作業時間を見積もり、一日一日のなかに組み込んでいく

終了までの間に
「必ず人を介したマイルストーン」を置く

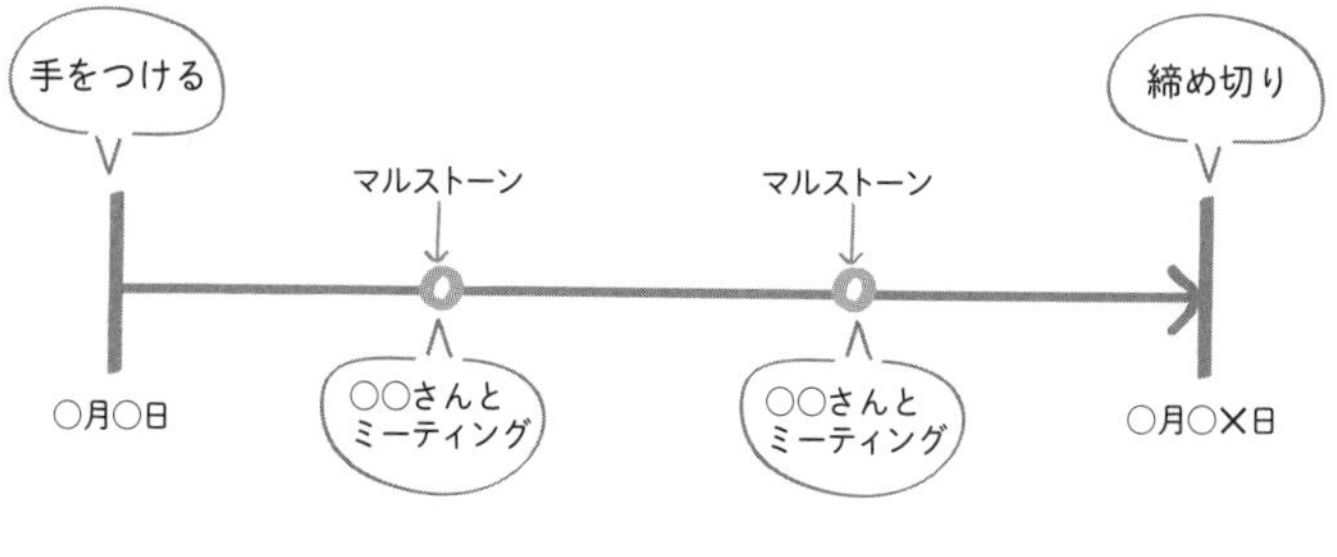

仕事の手戻りを減らす方法

「仕事をやり始める」前に、「やり方が間違っていないか」確認する

「手戻り」をなくすと、生産性は劇的に上がる

仕事の効率や生産性の最大の敵は、「手戻り」です。どれだけ先手を打って仕事を進めても、どれだけ作業のスピードが速くても「やり直し」が発生してしまうと、仕事は前に進んでいきません。

ですから、仕事に取り掛かる前に、手戻り、修正を減らすための手を打つべきなのです。

たとえば、これまで取り組んだことのない種類の仕事やプロジェクトを担当する場

合には、まず、**「この進め方で問題ないか」を上司や先輩、その分野の経験がある人、クライアント等に確認する**ことから始めましょう。

第2章でご紹介したGRAPHにおける「A（すり合わせる）」を思い出してください。

上司や先輩は多くの経験を積んでいます。そのため豊富な知識があり、考え方の引き出しも多く持っています。彼ら彼女らと話すことは、あなたひとりでは気づけなかった視点を得ることにつながります。

一番いいのは、仕事を依頼してきた人と直接話すことです。相手が何を求めていて、この仕事をどのように進めてほしいのかについて、依頼者の頭の中にあるイメージを聞くことができれば、間違いようがありません。

その人と話すことが難しい場合、あるいは、忙しくてなかなかつかまえられないというような場合には、経験豊富な上司や先輩に相談しましょう。

それも難しい場合は、同僚に相談しましょう。場合によっては後輩に相談してもよいと思います。ただし、自分よりも経験が浅い人からは有益なアドバイスが出てくる可能性が低いので、できるだけ経験豊富な人を選ぶほうがいいでしょう。

「前提」と「期待するアクション」を伝える

また、相談するにあたっては、「話の前提」と「期待しているアクション」を明確に伝えましょう。

たとえば、お客様向けの提案について誰かに相談する場合には、次のような具合で話します。

「来週後半に、顧客の○○さんにアポイントを入れているのですが、そのために、どのような準備をするべきか考えています。私としては、まず、業界やお客様の状況を調べた上で、それを踏まえて解決すべき課題と、それに合わせた提案内容を考えてみたいと思っています。調査については、インターネットくらいしか思いつかないので、何かよい調査方法などがあれば、ぜひご意見をいただきたいです。そのほかにも、もっと違う考え方が必要なところがないかなどについても、アドバイスをいただけるととてもありがたいです」

あるいは、上司や先輩から依頼を受けていて、その依頼主本人に相談する場合には、

「昨日、ご依頼を受けた件ですが、自分なりに進め方を考えてみました。作業の目的と、どういう手順で進めていくかについて整理してみましたので、私の理解の足りない部分や、間違っている部分がないかを確認させてください」

という感じでしょう。

どちらにも共通しているのは「自分なりに考えてみた」ということと、「それをチェックして、意見がほしい」ということです。

このときに、報連相（ホウレンソウ）で言うところの、「報告」の話だと誤解されてしまうと、話がややこしくなります。あくまでも「相談」という形を取りましょう。

報連相、すなわち、報告・連絡・相談は、それぞれ位置づけがまったく異なります。

「報告」は、非常にオフィシャルなものです。部下から上司、後輩から先輩に情報を伝え、なんらかの判断や意思決定、あるいは報告内容に対する評価をしてもらうため

の場です。

一方、アドバイスがほしいときには、「相談」します。不確定なこと、少し不安に感じていること、自信がないことなどについて、相手から助言を引き出し、少しでも改善の糸口を掴もうとするのが、相談です。

今回行おうとしている、進め方の確認は「相談」という位置づけです。従って、あくまでもカジュアルに持ちかけるのが理想です。たとえば、会議室を押さえたりすると、オフィシャル感が増します。休憩室や執務スペース、場合によっては近所のカフェなど、肩肘張らない場所を選ぶほうがよいでしょう。

もちろん秘匿性の高い内容の場合などは、相談の場合にも社内の音漏れしない会議室が好ましいのは言うまでもありません。

また、相談の場合は打ち合わせの長さも、あまり長くないほうがよいです。「1時間ください」などというと、公式な打ち合わせだと思われてしまいかねません。

「○○の件についてご相談したいので、15分程度お時間もらえませんか?」

というように、軽いトーンで、短い時間で話を聞いてもらうとよいでしょう。

相談は、相手を自分のフィールドに引き込むことができる魔法の言葉です。

あなたを頼りにしている、私を助けてほしい、という意味が込められていますので、相談を受ける側は悪い気はしません。むしろ、「頼られている」「自分の能力に期待されている」と感じます。

そのため、当初は15分だったはずが、話が盛り上がって30分かかってしまったとしても、多くの人は、おそらく許してくれます。次の予定が入っているなど、延長できない場合でも「これは、もう一回話したほうがよさそうだね」と、別の機会を用意してくれたりするでしょう。

また、あくまでも「相談」と位置づけることにより、「あなたのアドバイスを受けて、いろいろ修正する段階である」ということを印象づけることができます。

もちろん、ここに至るまでに、しっかりと考え、自分なりの答えを見出しているはずです。しかし、それを、まるで決定事項であるかのように伝えてしまうと、相手は身構えます。そして、「間違っている」「わかっていない」「ぜんぜんダメだ」という強い反応が返ってくるリスクが高まります。

求めているのは、アドバイスであって、ダメ出しではありません。

「相談」という、非公式なコミュニケーションのなかで、仕事の目的、仕事の道筋について、アドバイスをもらい、より「正しそうな」「確からしい」目的、道筋を見つけ出すように心掛けましょう。

第4章

会議・ミーティングの順番

会議の生産性を上げる方法①

「会議をセットする」前に、「事前調整」を行う

ぶっつけ本番で会議に臨んではいけない

そもそも、会議の場において「ぶっつけ本番で片をつける」というのは博打、ギャンブルです。うまくいくこともあれば、うまくいかないこともあります。

プライベートで何かする、趣味の何かをしているというのならば、それも悪くない選択かもしれませんが、仕事という「効率」と「成果」を求められる場面において、そんな再現性の低いことに挑戦するのは考えものです。

とはいえ、すべての参加者に対して事前に話を通し、すべての利害関係者を納得さ

せておいて、当日の会議を「出来レースにしよう！」というお話ではありません。あくまでも、健全に議論するために、地ならしをして下準備を整えるということです。

事前に、結論に対する合意形成をする必要はありません。**答えをあらかじめ決めておくのではなく、どのように議論し、どのようにゴールを目指すのか、という「当日の進め方」について認識をすり合わせておく**のです。会議のテーマ、そのテーマに関する議論の方法、そしてたどり着きたいゴールについて、認識のズレをなくすように努力しておきましょう。別の言い方をすれば「会議の前に、前提を合わせておく」わけです。

たとえば、「利益を増やしたい」というテーマがあったとします。このテーマを実現させるためには、売上を増やす方向もあれば、コストを下げる方向もあります。今回の会議では、どちらか一方の話だけをするのか、両方とも選択肢として検討の俎上に載せていくのか。これだけでも、話は大きく変わってきます。

仮に、「売上向上の話に限定する」とした場合にも、既存のお客様を対象にするのか、新しいお客様を狙うのか、既存商品で戦うのか、新商品を投入していくのか、で、議論の内容は大きく変わります。

さらに、既存のお客様に限定したとしても、1回あたりの購買単価を増やすためにまとめ買いやクロスセル（合わせ買い）、アップセル（上位製品への切り替え）を促進するのか、単価はそのままで購買頻度を上げることを目指すのか、というような選択肢があります。

また、商品の値上げによって利益を増やすことも可能ですし、値引きを行った上で販売数量を大きく増やすことで利益増を目指すことも可能です。

今回設定しようとしている会議が、このような多様な選択肢のなかの、どの範囲を対象にしているのかをあらかじめ明らかにしておかないと、参加者がそれぞれ思い思いの発言をしてしまい、収拾がつかなくなります。

この「議論の範囲」「議論の枠組み」「議論のための地図」は、どんなテーマであっても存在します。

どの会社に何を提案するのか、どういう新商品を誰に向けて開発するのか、どんな広告を準備すればいいのか、物流効率を上げるために何をするか……などなど、どんなテーマであっても、どの枠組み・地図で、何を話すのかを事前に明確にしておくことで、当日の会議を実り多きものにすることができます。

ぜひ、会議に先駆けて、当日に何を話すのか、どのように議論を進めるのかについて、参加する人としっかり目線を揃えておきましょう。

特に、部長、課長などの役職者、すなわちその会議の意思決定者の意向は確認しておくに越したことはありません。また、その人たちに、あなたがどのように考えているのかも伝えておきましょう。自分はこのように進めたいが、この進め方で問題はないか、と「相談」しておくのです。

あなた自身の考えを伝えながら、相手の意見、アドバイスを引き出して、設定された会議が、より有意義なものになるように仕向けていきましょう。

会議の生産性を上げる方法②

「会議を始める」前に、「アジェンダ」を投げる

タイトル×シンプルな箇条書きで共有する

会議を設定する際に大事なことは、目的が明確になっていることです。

そこで**有効なのが「会議をする」の前に「アジェンダ」を投げる**という方法です。

アジェンダは、議題と訳されますが、この会議で確認したいことや、決めたいこと、議論したいことなどのリストです。その前提となるのが、会議の目的です。

お勧めは、会議予定を共有する際に、「目的を示すタイトル」にしておくことです。

そうすることで、目的がひと目でわかるようになります。

たとえば、「来週の提案について」というタイトルでは、中身がよくわかりません。「○○社様向け××サービスの値引き交渉について」や「○○社様向け割引率の確認」などになっていれば、打ち合わせが始まる前に、何の話をする会議なのか参加者がイメージを持つことができます（特に、最近はリモートワークが浸透したことでｗｅｂ会議が増えています。そこで、会議予定を開いてリンクを押す際に「タイトル」が嫌でも目に入りますから、効果てきめんです）。

そこに加えて、会議の前にアジェンダ、すなわち、どういう議題があるのかを整理して事前に共有しておくことで、会議の効率は格段に向上します。

アジェンダを投げるときのコツは、シンプルな箇条書きにすることです。

先ほどの値引きに関する打ち合わせであれば、

1. ○○社様との現状の契約内容の確認
2. ○○社様のご要望（担当者から情報共有）

3．他社様向け割引状況および当社の限界利益率
4．〇〇社様向け値引きシミュレーション（取引量×割引率別の想定利益）

というような形で共有するのがいいでしょう。

先ほどお伝えした「会議の『タイトル』をつける」と同様に、パッと伝わることが好ましいです。**長々とした文章で書くのではなく、箇条書きにすることで、相手の頭の中にシンプルに情報が残ります。**

ただし、短くしようとしすぎるあまり、内容が正しく伝わらないのは困りものです。うまく端的に表現できない場合には、多少長くても「正しく伝わること」を優先しましょう。

適切なアジェンダが事前に共有されていれば、参加者は、議論に向けた頭の中が整理されるだけでなく、反論や後押しをしたい場合には、そのために必要な情報の準備もできます。

アジェンダの事前共有で「会議の寄り道」を減らす

アジェンダを先に送っても、事前にそのメール（あるいはslack等のチャットメッセージ）を相手が読んでくれないというケースもあります。

しかしながら、情報がきちんと共有されていれば、「確認していない人の責任」ということになります。また、会議冒頭にこのアジェンダを全員で確認するところから始めれば、情報格差も埋まりますし、事前に送られていたという事実を理解し合うことができますので、「準備不足は参加者の責任」ということが明確になります。

もちろん、そんなことを大きく騒ぎ立てて、場の空気を悪くする必要はありません。しかし、「私は聞いていない」「そんな話は知らない」という立場を取ったり、アジェンダと関係ない話（たとえば、別の顧客向けの値引き要求の話、仕入れ価格を下げるアイデア、など）を延々と話そうとする人を牽制しておくことは、会議の生産性を上げるためには有効です。

話の流れ上、関連する別のトピックに話が及ぶこともあるでしょうが、その話に多くの時間を費やしたいのであれば、その話をしたいと考える参加者が、事前にアジェンダの追加を申し入れるべきです(そうしなかった以上は、その話のために割ける時間は用意されていません)。

会議を円滑に進め、建設的な議論を行っていくためには、会議の枠組みを定め、目的に向かって最短距離を進んでいくことが求められます。

その道筋を示すアジェンダを、打ち合わせの前に共有しておくことは、シンプルでありながらとても有効なテクニックです。

また、「アジェンダを作る」ためには、会議を設定した人自身が、その会議をどのように進行していきたいかを考えていなければなりません。そのため、主催者の頭の整理という意味でも、積極的に実施すべきだと言えます。主催者が何も考えていない、行き当たりばったりの会議、でたとこ勝負の会議ほど、時間を無駄に浪費するものはありませんからね。

このアジェンダ作成にあたっては、前項で述べた「事前調整」が極めて有用です。ひとりよがりに思い描いたアジェンダをいきなり投げつけるのではなく、参加予定者に対して「こういう内容で、こういうふうに議論をしたい」という相談を事前に持ち掛ければ、大抵の人は、適切なアドバイスをしてくれます。

そうして、参加予定者の意向や意見を聞いていけば、どのような順番で、どんなふうに議論を進めていくべきかが見えてきます。

そうした検討ステップを経て作成されたアジェンダは、周囲の理解も得やすく、また、当日の議論を有意義なものにしてくれるでしょう。

会議後の実効性を高める方法

「会議を終える」前に、「宿題の確認」をする

「誰が、いつまでに、何をするか」を明確にして終わる

会議というものは、どれほど準備をして臨んだとしても、話はあちらこちらに脱線します。そして、思った通りの結論にたどり着くとは限りません。

しかしながら、予定時間を超過して、だらだらと話を続けてもよい効果は生まれません。次の予定が入っている人も多いでしょうから、たとえ結論が出ていなくても、予定された時間で打ち合わせを終えなければなりません。

そうした際に、なんとなく、うやむやなままで会議を終えてしまうと、物事は前に

進みません。そこで、やるべきことは**「次回に向けた宿題の確認」**です。

お勧めしたいのは、**最初に、次のマイルストーン（目標地点）を定めること**です。次回の打ち合わせをいつにするか。そこでは、何を議論し、どういう着地を目指すのか、を決めます。

「あ、この会議は、結論にたどり着きそうにないな」と思ったら、終了予定時刻の10分前くらいには、次回打ち合わせの話をするように努めることが望ましいでしょう。

なお、当初予定していた通りの議論ができて、想定通りの結論にたどり着いた、という場合も、その先のアクションについては確認しておくべきです。

打ち合わせ結果を受けて、お客様に取引条件に関してメールをするとか、営業部の承認決裁プロセスに申請を上げるとか、商品企画部に情報共有をする……などを、いつまでに誰がやるのかを明確にしておくことが大切です。

会議は、あくまでも会議です。それだけでは何も生み出されていません。そこで議論されたこと、決まったことに基づいて、事業上の成果を生み出すための行動を起こすことが「仕事」です。**会議が終わり解散したあとで、各自が「どんな仕事をするのか？」を明確にしてから会議を終える**ようにしましょう。

打ち合わせの質を上げる方法

「ブレスト」の前に、「自分の考え」を書き出す

アイデア出しの質は「ブレスト前」に決まっている

「ブレインストーミング（ブレスト）をしよう」

仕事をしているときに、このフレーズを耳にすることがよくあると思います。あなたが呼びかけることもあれば、誰かから声がかかる場合もあるでしょう。

このときに、**絶対にやってはいけないのが「何も準備をせずに、ブレストに臨む」こと**です。

自分の才能にいくら自信があっても、最低限の準備をしておかなければなりません。

何も考えないでブレストの場に赴くのは、その場に参加するほかの皆さんに対して極めて失礼な態度です。

ブレストの基本原則として、「相手の発言内容を否定しない」というものがあります。しかし、まったく準備をしていない人が、その場の議題から大きく外れた話をし始めた場合には、この原則を守ることができません。

「今日は、その話ではありません」

「そのアイデアは、目的からズレてしまっています」

などの指摘をする必要が出てきます。

こういう場合にも、「ブレストなのだから、そういう否定的な指摘をしてはいけない」と考える人もいますが、そうなると事態はさらに混迷を極めます。まったく議題から外れた話が、ポストイットに書かれて壁に貼られます。無法地帯の出来上がりです。

経験上、間違いなく言えることは、**「アイデアは、そんなにポンポン出てこない」**ということです。

そもそも、アイデアが泉のように湧き出してくるのであれば、ブレストを行う必要などありません。それにもかかわらず、とりあえず人を集めて話し合えば何かしらいいアイデアが出るだろう、というのは楽観的すぎると思いませんか。

大切なのは、**「ブレスト」に参加する前に、そのテーマに関連して、自分がどういうふうに考えているのか、どんなアイデアがあるのか、どういうところが難しそうか、などをしっかりと書き出しておく**ことです。

もちろん、自分が日々携わっている仕事の内容に関するブレストであるとか、大学時代に学んでいた専門領域に関するブレストであるとかいう場合には、そのテーマに関する知識が多く、アイデアも出やすいため、準備の必要性は薄くなります。

しかし、たとえそうであったとしても、普段の仕事でやっている内容を項目分けして整理するとか、最新書籍や関連雑誌を軽く流し読みするとか、それくらいの準備はしておいて然るべきです。

ブレストは、その場にいる全員の能力が組み合わされることによって、価値を生み出す取り組みです。全員の能力が最大限に発揮されるからこそ、ブレストをする意味があります。

準備運動をせずに走ると、怪我をします。準備運動を欠かしてはいけません。

ブレストの場に臨むにあたっては、

- **当日議論されるテーマと目的を理解する**
- **ブレストの場で期待される役割や立場を理解する**
- **その役割や立場を全うするために必要な準備をする**

といった形のウォーミングアップを行っておきましょう。

なお、役割・立場とは、たとえば、何かの専門家としての発言を期待されているのか、消費者・ユーザーの視点の提供者として呼ばれているのか、あるいは、全体を取り仕切って議論をまとめるファシリテーターとして参加するのか、などです。どの役割で参加するのかによって、準備すべき内容が変わります。テーマ・目的と合わせて、役割・立場についてもしっかりと理解しておくことが望ましいと言えます。

「アイデアを掘り下げる」前に、「アイデアを出し切る」

アイデアは「量」を出してから、「質」を上げる

「よいアイデアを思いついた」とき、多くの人はそのアイデアに目を奪われます。しかし、それはあまりよい選択ではありません。ひとつのアイデアをいきなり深く掘り下げていくよりも、少し幅広く物事を捉えてみるほうがよいでしょう。

たとえば、あなたがレストランに勤めていて、新しいお客様にたくさん来てほしいと思ったとします。そして、あなたは思いつきます。「そうだ、近くの家のポストにチラシを入れよう！」と。

そうなると、いろいろと考えるべきことが出てきます。チラシには、どの料理を載せようか。単品メニューよりもコース料理のほうがいいだろうか。いやいやランチの話にすべきか。季節性のあるイベント（たとえばクリスマス）と絡めてみようか。やっぱり割引券をつけておくほうがいいだろうか。そもそも、チラシを何枚くらい用意するのがいいだろう。そうだ、デザインはどうしよう。

一度、こうなってしまうと「ポストにチラシを入れること」がまるで決定事項であるかのように話が進んでいきます。

しかし、ちょっと待ってください。本当に、チラシをポストに入れてまわることが最良の方策でしょうか。ほかによいアイデアはありませんか？

同じチラシだとしても、店の前で配るという手もあります。

あるいは、利用シーンのかぶらない近所の飲食店、たとえばカフェやバーなどに置いてもらうということもできます。チラシではなく、SNSを使うことも選択肢になります。あるいは、エリア情報誌に掲載してもらうとか、ローカルテレビ局やラジオ番組に取材してもらうなどの方法もあるかもしれません。

大きく発想を変えれば、来てくれたお客様に「次回、4人以上で来たらワンドリンクサービス」というクーポンを配ってみる、なども考えられますね。

アイデアは、所詮（しょせん）はアイデアにすぎません。最初に思いついたものが、ベストな選択肢であるとは限りませんし、むしろ、パッと思いついたものは、さほど優れたものではないことのほうが多いと言えます。

最初に思いついたものに固執しすぎず、まずは「思いつく限りのアイデア」を出すことから始めましょう。

できるだけ多くのアイデアを出してみた上で、それらを並べて眺めてみて、どれがよさそうか。どれはダメそうか。などを考えてみることをお勧めします。

筋のよさそうなアイデアが見つかったら、人に話す

いいアイデアができたなと思ったら、次にやっていただきたいことが「人に話す」ということです。もちろん、そのアイデアを会議や打ち合わせの場で披露してもよい

のですが、可能であれば、もっとカジュアルに誰かに話してみましょう。

アイデアは対話によって、さらに磨かれます。

話してみると、自分だけで考えているときには気づかなかった問題点や、実効性（あるいは実現性）の低さを指摘されることもあるかもしれません。一生懸命考えたアイデアが否定された気持ちになるかもしれませんが、よりよいアイデアにするための大事なプロセスです。そうした意見も聞きながら、さらに深く考えてみましょう。

ブレストを設定してもかまいません。先ほどもご紹介した通り、ブレストには準備が必要ですので、この状態まで煮詰めていれば最高です。ただし、ブレストはあくまでも「みんなで考えを出し合う場」ですから、自分のアイデアを延々と語り続けないように注意してください。

いずれにしても、アイデアは自分の頭の中だけで溜め込んでおくものでなく、誰かに話してその反応や意見を確かめていくべきものです。

アイデアが出ないときの対処法

「悶々（もんもん）と思い悩む」前に、「さくっと相談する」

「誰かの頭を借りる」ことを躊躇（ちゅうちょ）しない

アイデアをたくさん書き出す。それがササッとできれば理想的なのですが、実際には、自分ひとりで考えていると、どうしても壁に突き当たってしまいます。そのまま、いつまでも悶々としていても、あまりよい結果にはつながりません。

行き詰まったときには、人に相談するのが良策です。アイデアを磨くときも、アイデアがでないときも、誰かの頭を借りてみましょう。

とはいうものの、ブレストに臨むときと同様に、何も考えずに相談に行くというのも失礼な話です。自分なりに考えて、自分なりのアイデアや意見を持った上で「ここまでは考えたのだけど、これ以上は進めないので助けてほしい」と相談すべきです。

その時点でたどり着いていること、つまりあなたが考えてきた内容を説明することで、相手は、一瞬であなたと同じレベルの情報を持つことができます。すなわち、**あなたがひとりで考えていた内容の「続き」を一緒に考えられる状態**になります。

もし、あなたが、何も考えずに相談をしに行ったとすると、おそらくは、何を考えるべきか、どういう話をするべきか、が定まらないまま相談の時間が過ぎていきます。これは、あなたにとっても相手にとっても時間の無駄です。やはり事前に、自分なりに考えておくことが大前提となります。

一方で、自分なりの考えを自分だけで完璧なものに仕上げようとすると、それはそれで、無駄が増えます。誰かに聞いたほうが早い、知っている人に教えてもらったほうが効率的だ、ということは往々にしてあります。

ですから、ある程度考えて、それなりにアイデアを書き出した段階で「ちょっとこれ以上は思いつきそうにない」と感じたら、潔く、誰かに相談してみましょう。

ここでの**相談のポイントは「何に困っているのか」を明確にすること**です。

「これ以上、アイデアが出ない」
「似たアイデアがいくつかあるが、うまくグルーピングできない」
「アイデアはたくさん出したが、優先順位がつけられない」

などの、あなたが、**今まさに困っていることをクリアに言語化**しましょう。

そして、その困りごとを相談する相手として、誰が最適であるかを考えます。

直属の先輩がいいのか、隣の部署の先輩のほうがいいのか、あるいはまったく別の部署にいる同期入社の友人がいいのか。

場合によっては、普段あまり接点はないものの、その領域にとても詳しい部長のほうが適していたり、古くからのお客様や、異動した前任者にメールを送るほうがいい、なんてこともあったりするかもしれません。

あなたが今取り扱っているテーマと、あなたが抱えている困りごとに応じて、どの人に、どのように相談するべきなのかは変わります。最適な人を探しましょう。

なお、誰かに相談すると決めて、その人にうまく伝えるために自分の考えを整理すること、および実際に会って説明を行うことは、それ自体があなたの頭の整理の機会になります。相手からアドバイスをもらう前に、新しいアイデアを思いつくこともあると思います。

ひとつの角度だけで物事を見ていると、どうしても思考が硬直化してしまいます。誰かに相談することで、物事の捉え方を変えるキッカケを得ましょう。そうすることで、仕事の効率も品質も向上していくはずです。

「言いたいことを言う」前に、「話の前提」を揃える

わかりやすく伝わる順番

「結論から話しなさい」

伝え方や話し方、プレゼンテーションなどに関するそんなアドバイスをよく耳にします。確かに、会議や打ち合わせ、プレゼンテーションに限らず、「結論を先に話す」という意識は重要です。

しかし、拙著『一番伝わる説明の順番』でも述べているように、わかりやすく話すために意識すべきは、結論を述べるよりも先に「前提を揃える」ことです。

伝える順番の基本は、次の通りです。

①前提を揃える
②結論
③根拠（理由・事実）
④補足情報
⑤相手に促したいアクション

ビジネスシーンにおいて、何かを相手に説明したり、話したりする上でこの順番を意識してください。

特に大切なのは、「①前提を揃える」です。前提とは、**「これから話す内容に関する、自分と相手の知識・理解の状態」**のことです。相手がどの程度知識があり、その物事を理解しているのかによって、説明すべき情報が変わってきます。結論を伝える前に、相手とあなたの前提知識・前提情報ができるだけ同じ状態になるようにします。

いくら端的に結論を話しても、相手と前提情報を共有できていなければ伝わりません。毎日、顔を突き合わせている同僚や上司に、日常業務の話をするのであれば、「前提を揃える」ことの重要性は下がります。議題・テーマに関する知識、認識がすでに共有されているはずだからです。

しかし、初めて顔を合わせた取引先、久しぶりに会った先輩、専門領域の違う担当者などと話す場合には、「結論から話す」よりも先に「前提知識・前提情報」を揃える必要があります。

具体的には、

- 相手は、これから話すテーマにどれくらい詳しいか
- どの程度かみ砕いて話すか、専門用語などを使って大丈夫か
- 最新情報や、業界ニュースなど、知らなさそうな情報はないか

を考えます。相手が自分の持っている知識、これから話そうとしている内容に対して、あまり詳しくないようなら、前提情報を多めに伝える必要があります。

そのときに意識すべきは、

「どの程度かみ砕いて話すか」

「どこまで話をするか」

といったことです。

たとえば、自分の顧客に関する話を新任の上司に伝えるときや、非常に多忙な上司に1カ月ぶりに報告する、というようなときには、過去の経緯や取引履歴を簡単に話して、知識レベルを揃えるところから始めるべきでしょう。

そのほかにも、報告する数字の定義（前年比なのか前月比なのかなど）、表やグラフの見方（項目の配置、色の意味、など）、周辺情報（業界動向、競合状況など）等の、知っておかないと話がかみ合わない情報は、最初に説明しておく必要があります。

なお、相手が「知っているかもしれない」情報については、くどくならないように注意しながら言及することができると、説明が非常にわかりやすくなります。

もうひとつ重要なのが、「これから何について話そうとしているか」をちゃんと伝えることです。どんなテーマで、どういう目的で話すのか。それがわかっていないと、話を聞く姿勢になりません。

前提が揃えば、相手は、あなたの「結論」を受け取る準備ができています。

そうするためにも、まず、揃えるべき「前提」をあなたの頭の中で決め、相手をその状態まで高めていく必要があるのです。

話し方・説明の順番

❶前提

❷結論

❸根拠（理由・事実）

❹補足情報

❺相手に促したいアクション

ポイントは「前提」を揃えること

前提とは、次の3つ

①相手が十分な知識・情報を持っているか(知識)

②どの程度噛み砕いて話すか(レベル)

③どこまで話すか、伝えるか(範囲)

前提を揃えたら、「結論」から話す

質問の順番

「質問する」前に、「仮説」を作る

仮説を持っている人は「クローズドクエスチョン」で質問する

仕事を進めているなかでわからないことがあったとき、「どうしたらいいですか?」「何から始めたらいいですか?」「なぜですか?」などという言葉で、上司や先輩に質問することは、あまりお勧めできません。

こういった質問形式は、オープンクエスチョンと呼ばれます。相手の回答範囲を狭めず、広く自由に答えてもらうためのものです。

このスタイルの質問が有用なケースも多くありますが、上司や先輩への質問でこれを使うと、「僕の代わりに考えてください」「考えるのが面倒なので答えを教えてください」と言っているのと同じことになります。

もちろん、本当にどうしようもなく困ったときには、オープンクエスチョンで質問することもあるでしょう。しかし、**基本的には、クローズドクエスチョン、つまり相手がイエス、ノーで答えられるような形式の質問を使いましょう。**

クローズドクエスチョンで質問する。これが、「仮説を持つ」ということです。

たとえば、「いつまでにやればいいですか？」はオープンクエスチョンです。

この質問を投げる前に、自分のなかに仮説を持ちましょう。

次のような具合です。

「先輩が発表する会議は来週火曜日。だから、月曜日には先輩が資料を完成させないといけない。依頼された調査結果を月曜に出して、もし何か間違っていたらやり直す時間が足りない。そうすると、遅くても金曜には確認してもらう必要がある。少し余裕を持って木曜中に仕上げておくとよさそうだな……」

と考えて、「木曜まで」という仮説（仮の答え）を自分のなかに持つわけです。そして、「木曜までで大丈夫ですか？」とクローズドクエスチョンを投げるのです。

できることなら、そう考えた理由もつけ加えておきましょう。

「木曜中にあげればよいでしょうか。火曜の会議のためには月曜朝には必要だと思っています。万が一、やり直しが発生したときに備えて、金曜早めに確認していただいて、フィードバックをいただくほうがいいかなと思いまして……」

ここまで言えば、先輩は具体的なスケジュールを考えて返答をしてくれます。

もし、金曜日がほかの仕事で手一杯だった場合には、「悪いんだけど、木曜の午前中にできない？」というように要望を出してくるでしょう。あるいは、あなたに依頼した調査結果が資料に与える影響がそれほど大きくなく、万が一、何かが間違っていても大きな問題にならないと判断して、「月曜に確認するってことで大丈夫なので、金曜中にあげてくれたらいいよ」と言ってくれるかもしれません。

ここで大切なのは、まず、あなたのなかに「こうなのではないか」という仮説があり、それに対して先輩が新たな情報を加えていったところです。

仮説思考は、相手の思考を部分的に肩代わりすることになります。これがうまく機能すると、相手の思考スピードも上がり、チーム全体の仕事の効率向上に大きく役立ちます。

ちなみに、上司や先輩が、部下や後輩に向けて質問する際にはオープンクエスチョンを使うことが多くなります。

なぜなら「部下や後輩がどのように考えているのか」を理解することが教育・育成のために大切だからです。

そして、「部下や後輩が自分で考えるようになること」が育成がうまいくいった証しです。その観点でも、上司、先輩に質問する際には「自分でしっかり考えている」と示していくべきです。しっかり、仮説を持って、クローズドクエスチョンを使っていきましょう。

第5章

ミス・失敗を減らす仕事の順番

「次の仕事に進む」前に、「スケジュール通りか」を考える

タスク終了ごとの進行チェックが大切

仕事を進める際に、とても大切なポイントが「遅れていないか」です。

予定通りに進んでいるのか、いないのかで、考えるべきことが変わります。予定通りなら次の仕事に取り掛かればいいのですが、遅れていた場合は対策を講じる必要があります。定期的に、予定通りか否かチェックすることが大切です。

確認のタイミングや頻度は、仕事の内容によって変わってきます。

お勧めするのは**「見積もった個別のタスクが完了したタイミングでの確認」**です。

人の集中力は、せいぜい2時間程度しか持ちませんから、一つひとつの仕事は、1~2時間程度の単位で管理しておくことが望ましいと言えます。また、作業時間の見積もりに際しては、もっと細かく10~15分くらいで終わるように砕いておくべきです（作業見積もりについては、第3章の112ページをご参照ください）。

あらかじめ、その仕事にどれくらいかかりそうか見積もった上で作業に取り組み、それが完了したタイミングで「これは予定通りか？」とチェックすれば、計画からの遅れを容易に検知することができます。

また、このやり方のいい点は、「遅延の原因を探しやすい」ことです。

タスクが終わるたびにスケジュールと見比べているなかで、はじめて遅れを見つけたわけですから、「ひとつ前のタスクは予定通りに終わっていたが、今回のタスクでは予定に遅れが出ている」ということになります。

今回のタスクで遅れたのであれば、このタスクで何がまずかったのかを考えれば、原因を見つけられるはずです。

仮に、前のタスクの時点で遅れていた場合にも、その遅れが広がったのか、縮まっともできます。

たのかを見極めることで、このタスクの進め方に問題があったのかどうかを計ること

あるいは、「定期的なスケジュールチェック」というやり方もあります。

週に一回決められた曜日に実施したり、毎日同じ時間に実施したりします。単独でやる仕事ではなく、チームで取り組むタイプの仕事においては、このような定期確認のための会議・打ち合わせを設定するのが一般的です。

この際に、ポイントになるのは「いつやるか」です。

考え方としては、「最初」か「最後」にすることが多いでしょう。

毎日確認するのなら、一日の始まりである朝か、一日の終わりである夕方。

週ごとの確認ならば、週始めの月曜か、お休み前の金曜。

どちらも、話す内容・確認する内容は同じでも、その効果が異なってきます。

「最初」、つまり朝もしくは月曜は、一日もしくは一週間の始まりです。

このタイミングで定期確認を行うと、参加者の目線を「これから何をやるのか」というところに向けさせやすくなります。もちろん、前日もしくは先週までに何をやってきたのか、それが予定通りなのかという話もするのですが、その上で、「今日（もしくは今週）は、何の仕事を、どこまで、どのように進めるか？」について確認したり、話し合ったりすることになります。

未来に向けた相談をしていくイメージですね。

「最後」つまり夕方もしくは金曜に行う場合は、振り返りが主になります。

一日もしくは一週間の間に、何をやってきたのかという進捗報告の色合いが強くなります。明日以降、来週以降についても話はしたいところですが、問題なく終わったということを確認することに主眼が置かれがちです。

どちらの場合も、これまでの状況を確認し、これからについて認識合わせをするわけですから、本質的には同じはずです。しかし、参加者の意識には少なからず影響が出ます。

どちらが適しているかは、仕事の内容やチームの性質によって変わりますが、

「ミスや事故が起こりやすい」
「いろいろと、周囲の状況が変化しがちである」
「さまざまな要因に合わせて、仕事の進め方を柔軟に変える必要がある」

というような仕事の場合は、「最初」に行うのがお勧めです。

今日という一日、これからの一週間をどのように過ごすのかについて、全員で認識を合わせられますし、意識的に緊張感を醸成することもできます。

また、このタイミングには、「どう進めていけばいいか」という仕事のプロセスについて話す機会を作れます。メンバーが何か不安に思っていたり、迷っていたりするときには、ここでフォローすることもできます。

一方、チームメンバーが、それぞれ自律的に動いていて、あまり管理の必要がないような場合には、「最後」でもいいでしょう。

あれこれ言われたくない、管理されたくない、というようなフリーランス的な志向が強い人たちには、しっかり問題なく進んでいるかどうかという「結果のチェック」のほうが適しています。もちろん、そこで遅延が起きていた場合には、しっかりと対策や検討まで実施していきましょう。

いずれにしても、詳細に考えてタスクに砕き、どの程度の時間がかかるか見積もっているからこそ、遅れに気づくことができるわけです。できるだけ緻密な計画を立てようと努力しておくのは、本当に重要なことなのです。

「解決策を考える」前に、「アラート」をあげる

「アラート」は即座に出すことが原則

仕事が最初から最後まで完全に予定通りに進むことは稀です。何かしらのトラブルや、問題、想定外のことが起こります。

- ミスや事故が発生して、あちこちに影響が及びそう
- どんどん遅れが大きくなり、このままでは計画と大き崩れてしまう
- やろうやろうと思っていたが、気づいたら締め切り直前で間に合いそうにない

こういった問題を防ぐためには**「異変に気づいたら、アラートをすぐに出す」**ことが大切です。アラートとは日本語で警報のことで、問題があることを他者に共有、相談することを指します。

小さなトラブルであれば、自分の判断でその場でリカバリーしてしまえばいいと考えるかもしれませんが、こういったものが繰り返され、積み重なると、のちのち重大なトラブルにつながります。自分ひとりでリカバリーできる範囲であっても、上司・上長、チームメンバーなどに話しておくことが大事です。

また、「重大なミスやトラブルのみアラートを上げる」というふうに考えていると、ギリギリまで抱え込んでしまい取り返しがつかなくなったり、人によっては隠蔽（いんぺい）しようとしたりしてしまいます。

ですから、何か問題が起こっていて、このままではリカバリーできなくなる「おそれがある」とわかった時点で、あなたがやるべきことは「どうにか解決策を考える」ではなく、「関係者に相談する」ことなのです。

こういうネガティブな内容の相談は、少しためらってしまう人もいるでしょう。上司が怖いとか、先輩に怒られるとか、お客様を不安にしてしまうとか、そういうことを避けたくなる気持ちはわかります。

しかし、あなたの使命は、仕事を完遂し目指す成果を得ることです。上司や先輩に怒られないこと、お客様を不安にしないことは、仕事の主目的にはなり得ません。

また、「相談」のタイミングを逃し、本当に最悪の事態になってから「報告」することになると、もう取り返しがつきません。早いタイミングで、アラート、つまり、警報を鳴らし「緊急事態である」と宣言するのです。

そうすることで、上司や先輩は、あなたと同じサイドに立って、問題を解決するために動く必要が出てきます。悪い表現で言えば、共犯関係になります。一緒になって物事をなんとかしないといけない立場になるのです。

この関係になるのが、早ければ早いほど、彼らの経験・知識が役に立ちます。どうすればこの事態を切り抜けられるのか。遅れを取り戻すために体制を組み直すべきか。遅れてしまうにしても、その遅れを最小限に抑えられるような工夫を施せないか。その際に、お客様へのお伝えの仕方はどうすべきか。そういうことを一緒に考えてもらえます。

悪いニュースを伝えるタイミングは、少しでも早いほうがよいのです。

問題が起きた際に、その原因が「計画そのものに無理があった」というケースもあります。その場合は、ゴール設定（G）や、道筋・打ち手の設定（R）で致命的なミスを犯しているということです。なぜ、そんなことが起きたのかを、どこかで振り返る必要があります。

この振り返りは、トラブル処理が終わったあとに実施することが多いでしょう。ただ、そこで振り返るために、トラブル対応で余裕がないなかでも、できるだけ記録を残しておくことが大切です。手書きのメモでも、ＰＣやスマホのメモ帳でも、slackやChatwork、Microsoft Teamsなどのツールでもかまいません。

とにかく、何が起きていたのか、どうしてそうなったのか、今、自分はどういう気持ちなのか、などをできる限り詳しく書き記しておきましょう。

あとで読み返すことが目的なので、そのときの生の声を残すことが大切です。

「トラブルがない」「遅れがない」ときにこそ、「先回りして潰し込む」

「先を読む」技術

幸いにして、遅れが発生していない、問題らしき問題は見当たらない、ということもあります。素晴らしいことです。そのまま仕事を進めればいい……と思うかもしれませんが、ここでもうひと手間加えましょう。順調なときに、油断しないのが「仕事ができる」と評価されるためのコツです。

「遅延がない、問題がない。だから仕事をどんどん先に進めよう」は、一見すると素晴らしく思えますが、この思考法ではトラブルを回避できません。

なぜなら、**トラブルは「未来」にある**からです。

「遅延がない、現状問題がない」というのは、「過去」のことでしかありません。もちろん現在の状況把握も大事ですが、これから先に起こることを考えることが仕事をスムーズに進めるポイントになります。

「今のところ遅延も問題もないが、この先滞りそうなことはないか？」

と考えることが大切です。

そもそも、遅れにつながっていないミス、大事(おおごと)になる前に気づいて修正された問題……そういうものは仕事をしていれば、当たり前のように起こっています。

「何もない」は、あり得ないのです。

それらのなかには、あなたが気づいてうまく処理したものもあれば、ほかの誰かが気づいて事なきを得たものもあるでしょう。そうしたものを棚卸しして、「本当に、見すごしておいてよいのか」をチェックしておくべきです。

小さな遅れは簡単にリカバリーできますが、それが積み重なった大きな遅れは取り返しがつきません。そして今回お話ししているのは、さらにその一歩手前で「遅れが発生する前に潰し込む」という考え方です。

具体的には「何か予定外のことはなかったか」を考えましょう。

「ヒヤリハット」に目を配る

順調に見えている仕事でも、こんなことが起こってはいないでしょうか。

・お客様から確認の電話がかかってきて、契約書を送り忘れていることが発覚したが、すぐにバイク便でお届けしたために問題にはならなかった

・経理部から「同じ金額の見積書が2枚来ているが、2枚とも処理してよいか」と言われて確認したところ、別々の担当者が同じ内容で経理処理を行っていた。二重計上になる前に片方を取り下げた

・打ち合わせ予定時刻にお客様が来社されず、確認のお電話をすると日時が間違って

いた。幸い、翌日に打ち合わせのお時間をいただけたので進捗には問題がなかった

・必要な部品が届かないので確認したところ、自社の発注確定処理が行われていなかった。幸い、先方に十分な在庫があったため、即日納品をお願いして事なきを得た

これらが、いわゆる「ヒヤリハット」です。背筋がヒヤリとしたり、驚いてハッとしたりしたけれど、事故にはつながらなかったラッキーな状況です。こうしたことが起こっていても、遅れにつながっていなければ「進捗に遅れなし」となります。

これらについても、遅れと同様に原因究明を行い、再発防止策を考えましょう。先々のリスク、将来の事故の芽を潰すのです。

ヒヤリハットを潰す具体的な方法としては、

・**過去にあったミスや事故、失敗のパターンを「見える化」し、共有しておく**
・**仕事に取り掛かる前にチェックリスト化する**

などが有効です。

もちろん、あまりやりすぎると、チェックのためのチェックになり、作業時間をどんどん食い潰してしまうことにもなりかねませんから、ほどほどに留めておかざるをえません。

しかしながら、先々のことを頭の片隅に置いている人と、まったく考えもしない人では、仕事の品質に雲泥の差が出ます。ぜひ、先読みできる人になりましょう。

トラブルを事前に潰し切ったら、加点を狙う

なお、トラブルを未然に潰し切ったときにだけできる理想の打ち手があります。

それが「プラスアルファを考える」です。

これまでに書いてきたことは、すべて「減点を防ぐ」ための打ち手でしたが、これは「加点を狙う」打ち手です。

やってもいいし、やらなくてもいい。しかし、やればお客様あるいは、上司・先輩の要望をより多く満たすことができる。より大きな成果につながる。そういうことがないかを考えてみるのです。

仕事ができるという評価は、「いい意味で期待を裏切る」ということを積み重ねた結果として得られることが多いです。


「まさかそんなことまでやってくれていたの?」

「これは思ってもみなかった! ありがとう」

「ありきたりな感謝の言葉では足りないよ!」


などという言葉を、相手から引き出すチャンスです。

心に余裕のあるときには、よいアイデアが降ってくるものです。機会があれば、ぜひトライしてみてください。これにトライする余裕があるならば、その時点で、その仕事は大成功だと考えてよいでしょう。

「間に合わない」を減らす方法

「ギリギリまで粘る」前に、「締め切りを延ばせないか」を考える

スケジュール変更は最速で行う

細かく仕事を分解して作業時間を見積もり、緻密（ちみつ）にスケジュールを組んでいくと、作業に着手する前に、「締め切りに間に合わない」と明らかになることがあります。もちろん、再度、作業時間見積もりを行って短縮できるところがないか考えてみるのもよいのですが、**大切なのは「無理して帳尻を合わせて押し込もうとしない」こと**です。

「逆引き線表」という言葉があります。これは、締め切りに無理矢理間に合わせようとして、表面上だけ取り繕った線表（スケジュール）のことです。これを作ってしまう

と、ほとんどの場合、破綻します。

間に合わないものは、どうしたところで間に合わないからです。

「間に合いそうにない」となった場合、最初に考えるべきことは「締め切りを延ばせないか」です。当然ながら、締め切りが設定されている以上、そこにはなんらかの理由があるはずなので、簡単に延ばせるとは限りません。そのため、多少無理をしてでも、なんとか間に合わせたいと思う人も多いでしょう。

しかし、**無理して押し込んで結局間に合わないよりは、最初から締め切りを延長して、遅れない計画を立てるほうが数万倍マシな選択**です。

いろいろ交渉してみたものの、「締め切りは絶対に動かせない」という話になった場合は、「やることを減らせないか」と考えましょう。

たとえば、予定されていた業界調査や顧客調査の作業時間を短縮するために、上司や先輩、あるいはお客様などの有識者にヒアリングさせていただいて代替する、などが考えられます。何かを100個作る、という話であれば、まずは50個だけ納品する、みたいなオプションもあります。また、チームを増員してもらうとか、外部業者に作業をお願いするなどのやり方で、担当する仕事の量を減らすこともできます。「減らせること」「短縮できること」を考えても、まだ間に合わないときには、「ほかの仕事と調整できないか」を考えます。

一般的に、単一の仕事だけをやっている人は少なく、たいていは複数の仕事を担当しています。そこで、ほかの仕事のほうを調整するわけです。

ほかの仕事・作業は、この仕事の締め切り後に回す。ほかの仕事を、あなた以外の別の人にお願いする。ほかの仕事のいくつかを、やめる・やらないことを認めてもらう。そういう工夫の余地を探ります。

そこまで考えても、どうしても間に合わないのであれば、やはり、締め切りを延ばすしか選択肢はありません。ここまで準備してきた内容をもとに、締め切り延長の交渉をしていくべきでしょう。もちろん、上司や先輩が、もっとよいアイデアを持っているかもしれませんので、そのあたりを「相談」しましょう。

スケジュールに合意して仕事が始まったら、計画通りに進めることは極めて大切です。しかし、もしも「間に合いそうにない」ときには、早め早めに納期変更の相談をしていくことが重要です。

もっとも相手が困るのは、ギリギリのタイミングでの延長です。

そもそも、上司や先輩は敵ではありません。強い味方です。

スケジュールに関して、上司、先輩に怒られた経験のある人もいるでしょう。しかし、それは、スケジュールが変更になったことで怒られているのではありません。たいていは「締め切り直前、ギリギリになってから、間に合わないと言い出した」から怒られるのです。

早めに伝えれば怒られることはまずありません。

ぜひ、早い段階で間に合いそうにない旨を伝え、どうやったら間に合うのか、あるいは、どの程度なら後ろ倒しにしても許されるのか、などをしっかり話し、スケジュールの見直しを一緒に行ってもらいましょう。

リスクを早めに検知して、先手を打っていく姿勢が大切です。

部下のミスに対処する順番

「部下の責任を問う」前に、「事実」を確認する

責任の話は最後でいい

「トラブル処理こそがリーダーの仕事である」と言っても過言ではありません。リーダーとして働いていると、部下やメンバーのミス、トラブルによって引き起こされた事態に対処することは多いはずです。

部下やメンバーが何か問題を起こした際、怒りの感情に任せて指導をしても、物事は好転しません。ミスは必ず発生します。そして、発生したミスはリカバリーしなけ

ればなりません。そんな状況で、部下を詰問していても問題は解決しません。むしろ、誰かを責めることは、事態改善の障害となります。

最初にやることは「事実の確認」です。

何が起きているのか。どこにどんな影響が出ているのか。当初はどういう想定だったのか。その想定と、どの部分が違ったのか。

もちろん、何が起こったのかを確認していくなかで、なぜ起こったのかを掘り下げていくことになります。そうすると、必ずどこかで「担当者の責任」というところにたどり着きます。その気配が見えてきたら、「今は、責任の話はいい」と追及するのを止めましょう。そして改めて、今起きている問題に目を向け直します。

仕事には、多くの利害関係者がいます。そこには多くのコミュニケーションが発生し、そして、残念ながら多くの誤解や認識のズレが生まれています。事実を確認していくなかで、必ずしも自社の責任だけではない、ということがわかるケースもあります。

それらについて確認もできていない状態で、担当者を責めても仕方ありません。むしろ、担当者には、事態改善のために全力で活躍してもらう必要があります。事実確認が終わる前に誰かを責めても、よいことなど何ひとつないのです。

明らかになってきた事実を踏まえつつ、具体的に起こっている問題に目を向けます。たとえば、商品を納期までにお届けできないとか、請求書の数字が誤っていたとか、期日までに支払いができないとか、チラシに記載した商品価格が間違っていたとか、イベント会場の予約日時が違うとか、そういう「ヤバい状況」に、しっかりと対処していきましょう。

もちろん、迷惑をかけている相手、お客様や取引先、社内の別部署などに対しては、真摯に対応することが重要です。ご迷惑をおかけして申し訳ない。現在、対策について検討している。もしくは、こういう対策を講じて事態改善に向けて進んでいる。などの情報をしっかり提供していく必要があります。

そして、「原因については確認を進めており、わかり次第共有させていただく」ということも、合わせてお伝えしておきましょう。

大切なのは、誰が悪いのかではなく、なぜこんなことが起こったのかです。そして、どうすれば、それが再度起こらないのか、です。

まずは、事態の収束を目指しましょう。そして、目の前の問題を乗り越えた上で、改めて責任の話に取り掛かるほうが、組織運営のあり方として健全です。

次のトラブルを生み出さないための方法

「問題をクローズする」前に、「再発防止策」を打ち出す

対症療法では根本の問題は解決しない

トラブルや問題が起こった際に、それに対処してリカバリーをする。これは、利害関係者に向けた最低限の対応です。しかし、ここまでやったからそれで万事解決、というわけにはいきません。

時々、発生した問題が解消したからという理由で、そこで「完了」としてしまう組織があります。この組織は、極めて重大な欠陥を抱えていると言わざるを得ません。

問題は、解決することよりも、起こらないようにすることが大切です。問題が起こ

らない、つまり問題を起こさないためには、原因を究明しそれを解消しておく必要があります。

原因究明をまったくしないのは論外ですが、原因を探る行為が中途半端に終わってしまうのもよくありません。対症療法で対処していると、必ず同じ問題が起こります。そのままでは、常にトラブルに見舞われ、その対応に時間を奪われて、仕事の効率が低下します。

頭が痛いときに、頭痛薬を飲むのは対症療法です。痛みは取り除かれるかもしれませんが、薬が切れたら、また頭が痛くなってしまうかもしれません。風邪をひいているのなら、風邪を治すことを目指すべきです。酷い肩こりが頭痛を引き起こしているのならば、整体に行くべきです。

ここで、もう一歩深く「原因」に踏み込むことができると、また違った打ち手が見えてきます。なぜ風邪をひいたのか、なぜ肩こりが酷いのかを考え、そこを潰し込めれば、頭痛は起こりにくくなります。生活が不規則で、栄養に偏りがあるから風邪をひきやすいのであれば、生活習慣を見直すべきでしょう。

姿勢に問題があって肩こりが酷いなら、椅子と机を適切なものに変えることを検討するとよいかもしれません。筋トレをして肩回りの血流をよくするという手もあります。ここまでやれば、同じ問題は起こりにくくなります。

「誰のせいか」ではなく「なぜ起こったか」を確認する

何かミスが起きた際には、どうしてミスが起こったのかを確認していきましょう。前節でも述べた通り、誰かの責任を追及することが目的ではありません。

大事なのは「Who」ではなく「Why」です。

つまり、なぜ起こったのか、が重要になります。

ですから、原因の解明にあたっては「責任追及が目的ではない」ということを、しっかり明言するくらいでもいいかもしれません。責任の話をしてしまうと、事実確認が進まなくなるおそれがあるからです。

仮に、電話で受けた注文の数字をメモし損ねたことで、納品数字にズレが起きた、とします。これに対して「メモするときに気をつける」という対策を立てても、同じ問題がまたきっとどこかで起こります。ひどいときには、同じ人が同じミスをしてしまうこともあるでしょう。

では、どうすべきか。ここで考えるべきは、「電話だからミスが起きた」「数字のミスに気づけなかった」ことでしょう。

電話という口頭コミュニケーションのために、数字を聞き間違えたのかもしれません。場合によっては、相手が言い間違えたことも考えられます。ここで、最初に思いつくのは「電話を録音する」です。しかし、これは、相手が言い間違えたかどうかを確認することにしかなりません。間違いの種は残ります。

あるいは、「注文受付をメールにする」という手があります。先方からの注文はメールでしか受けない、ということです。

これは一見するとよい打ち手のように感じますが、相手が書き間違えるリスクをはらみます。また、先方に「発注方法を変えてください」というお願いをすることになるため、多少ハードルが高い打ち手だと言えます。

考え方を少し変えて、**「数字のミスを検知する」**に目を向けてみましょう。

最初に思いつくのは「確認メールを送る」です。相手から受けた注文内容を、確認するために数量や金額を記載して送ります。これにより、言い間違いであれ、聞き間違いであれ、注文内容をお互いに確認することにつながります。


また**「チェックプロセスを増やす」**という手もあります。

一般的に、同じお客様からの発注数量は、だいたい一定の幅に収まります。毎月100個注文してくるお客様が突然1000個頼んでくるのは、少しおかしな感じがします。反対に、今月は10個だと言われても、本当かなという気持ちになります。この違和感に気づけるようにするためには、過去の注文履歴を横に記載した状態で、発注担当者が確認していくといいでしょう。

さらに、その同僚や先輩、あるいは上司にも確認してもらうと、なおいいですね。

こうした確認プロセスがあれば、「何かおかしいのではないか」ということに誰かが気づくはずです。こうした違和感があれば、先方に確認することにつながりますので、ミスは撲滅されることになるでしょう。

再発防止策は、仕組み化・プロセス化されていることがもっとも大事です。

そのために、「振り返り」をして、原因を究明し、原因そのものを潰し込む。組織・チームで仕事のやり方を変えて、再発抑止につなげます。これが、今後の仕事の質を上げ、失敗を減らすという意味でとても大切な仕事のプロセスです。

再発防止策をしっかりと考え、それを手順に落とし込むところまでやり切ってから、「対策完了」を宣言することを組織文化として定着させていきましょう。

「振り返り」の順番

「やり切って満足する」前に、「今回の仕事の改善点」を洗い出す

改善点を見つけることが、最後の仕事

あるひとつの仕事が終わったら、結果に満足して、次の仕事のことを考える。よい結果を出しているのなら、満足するのも当然ですが、そこに1プロセスを挟むことで、次の仕事の質が大きく変わってきます。

ひとつの仕事が完了しても、「やり切ったことに満足する」のではなく、「今回の仕事の改善点を洗い出す」のです。

「振り返りが大事」というのはよく言われる言葉です。

しかし、多くの人は、振り返らないまま次の仕事に進みます。それが、何回も同じミスやトラブルを何度も繰り返してしまうことにつながっていきます。**やった仕事の振り返り、反省、そして改善点の洗い出しを、最後にやるべき作業として明確に定義しておきましょう。**

依頼主（お客様や、上司・先輩）からいただいたフィードバックに反省点が含まれていることも多いです。仮にフィードバックがなかったとしても、自分で振り返れば、改善すべきことはきっと見つかります。それらへの対策を考えましょう。

まず、今回の仕事を振り返り、反省すべき点とよかった点を洗い出します。**コツとしては「改善点」「よかった点」の順番で洗い出すことです。**最初によい点を出してしまうと、悪いことを考えたくなくなります。また、反省して沈んだ気持ちを、よかった点を考えることで上向きにする効果もあります。

洗い出された反省点は、その原因を見極めて次に活かします。

遅れや問題が発生していた場合には、反省すべき点がたくさんあることでしょう。

特に、「計画そのものに問題があった」という場合には、かなり根が深い問題です。

計画段階のG（Goal）とR(Route）に原因があったケースを考えてみます。

・ゴール（G）の設定が間違っていた（目指すところが違っていたため失敗した）
・ルート（R）の設定が間違っていた（途中の手順や打ち手が違った、見積もりが甘かった）

ゴールが間違っていたケース

ゴール、つまり目的・目標が間違っていた場合は、大きく2つの原因が考えられます。

1　自分自身の考えが足りなかった
2　合意形成がうまくいかなかった

「自分自身の考えが足りない」というのは仕事ではよくあることです。それ自体は深く反省すべきですが、経験不足や知識不足によるところも大きいため、ある意味では仕方のないところだとも言えます。

G：Goalのステップに戻って、アウトプット、アウトカムの考え方を振り返り、今回の仕事を始める際に、何をどう考えていればよかったのかを考えましょう。

最初の段階で目的を取り違えることがなくなれば、「勘がいい」「気が利いている」という評価を得られます。

合意形成に失敗した（つまり、A：Agreementのステップに問題があった）場合は、相手とのコミュニケーションに改善点があったと考えられます。

・自分が考えていることをしっかりと伝えられなかった
・うまく理解してもらえるように、相手の頭のなかを整理できなかった
・質問しているのか、説明しているのかが明確ではなかった
・相手に求めるアクションが不明瞭で、期待したアドバイスをもらえなかった

こういったことが起こっていた可能性があります。

そういう場合は、次のように自分に問いかけましょう。

「今、この仕事を始めるところまでタイムスリップしたら、自分は、誰とどういうふうに話して、どういうふうにすり合わせていっただろうか？」

すでに、あなたは仕事を終えたところにいます。商品はお客様のところに届いています。サービスはすでに提供されました。すべてがうまくいっている「今」のあなたが、それらが始まる前に戻ったなら、当時の先輩や上司、あるいはお客様よりも、この仕事に詳しいわけです。

そんな「今」のあなたが、「当時」のあなたによいアドバイスをしてあげるためには、「相手からどんな質問をしてもらうとよいのか」を考えてみてください。

ルートが間違っていたケース

続いて、「R：道筋」が間違っていた場合です。手順が違ったという場合にも、目的設定の失敗と同様に、改善方法を考える必要があります。

この「R：道筋」の間違いについては、主に自分自身での改善に目を向けるべきです。なぜならば、「自分がどう見積もったのか（当時の答え）」と「その作業が実際にどれくらいかかったのか（正解）」という、極めて具体的で揺るがない比較対象が存在しているからです。

この2つを比べると、仕事を進めるなかで、一体何が起こっていたのかがわかります。

たとえば、「1回のヒアリングでは、情報を引き出せなかった」ということなら、最初から2回行う予定にしておくべきだったのかもしれません。あるいは、1回で引き出すための準備が足りなかったのなら、ヒアリングの前段階の準備プロセスを見直していくべきだとも考えられます。

「後輩に頼んだ仕事が、期待通りに上がってこなかった」という場合は、作業指示の仕方が悪かったために、うまく仕上げてくれなかった可能性があります。

であるならば、あなたの作業指示の方法を見直す必要があります。もしくは、部下の見積もりが甘かったのだとしたら、次回からは一緒に作業見積もりをすることが、滞りのない進捗を実現するためには有効でしょう。

想定外の仕様変更が発生した、追加要望が飛び込んできたという場合は、そういう仕様変更、追加要望が起こり得るという前提で、細かな確認ステップを組み込んでおきましょう。

上司、先輩、お客様も、最初からすべてを見通しているわけではありません。仕事が進んでいくなかで気づくこともあります。

あなたが、そうした気づきに積極的に寄り添うべく「このタイミングで、こういうことに気づくのではないか」と気をまわし、最適なタイミングで確認することができれば、相手の要求にしっかり応えつつ、仕事を円滑に進められることでしょう。

振り返りと改善計画を欠かさずに行えば、次の仕事のパフォーマンスは大きく向上します。経験を積んでいけば、勝手に成長するという考え方もありますが、しっかり考えて仕事に臨み、仕事を終えるにあたりキッチリ反省して次に活かすという「頭を使った仕事のやり方」をしているかどうかは、成長速度に大きく影響します。

いきなり完璧を目指す必要はありません。成長には時間がかかります。

それでも、1回の経験から、より多くを学び取るように工夫することで、その時間をぐっと短縮できるのです。振り返りは、成長のチャンスなのです。

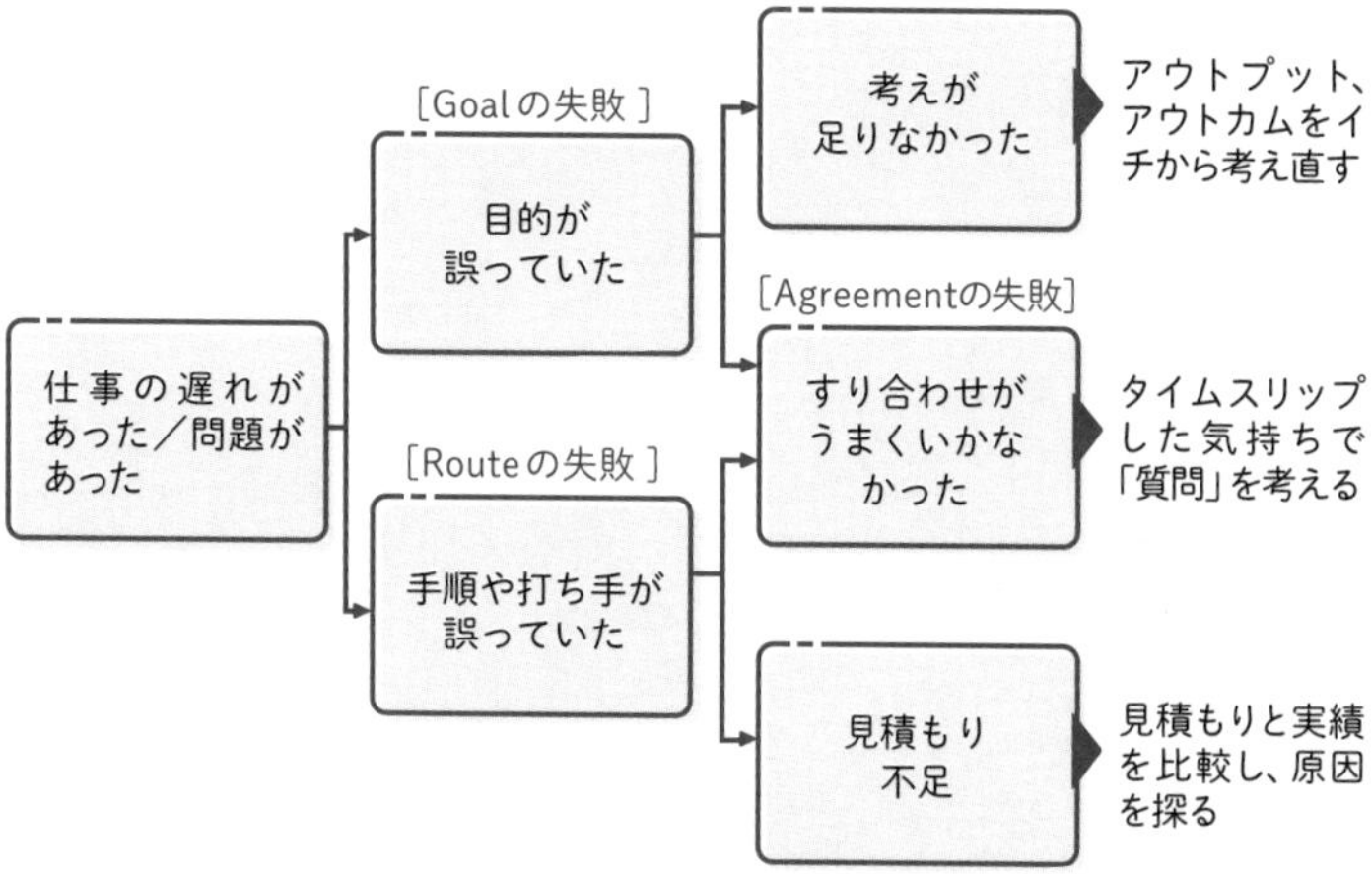

仕事の遅れがあった／問題があった
［Goalの失敗］
目的が誤っていた
［Routeの失敗］
手順や打ち手が誤っていた
考えが足りなかった
［Agreementの失敗］
すり合わせがうまくいかなかった
見積もり不足
アウトプット、アウトカムをイチから考え直す
タイムスリップした気持ちで「質問」を考える
見積もりと実績を比較し、原因を探る

ここまで、基本の型であるGRAPHと、それをさまざまな仕事のシーンに適用した「仕事の順番」について考えてきました。

次章からは、仕事を円滑に進めていくために求められる、普遍的なスキルやテクニックについて整理してお伝えしていきます。これらは、それぞれ独立したスキルとして有用ですが、複数を組み合わせて使うことでより大きな力を発揮します。

知っている、やったことのあるものでも、さらに磨き上げる余地がないか、あるいは、ほかのスキルやテクニックと組み合わせることができないか、再度見直してみながら読み進めてみてください。

第6章

仕事を円滑に進めるスキル

物事を正しく捉えるスキル

「詳細を見る」前に、「全体」を見る

「枝葉」ではなく「幹」から理解する

物事を正しく捉えることは、仕事に限らず、日常生活においても大切です。相手が言っていることを理解する。書いてあることをしっかりと読み取る。そういう基礎的な部分でミスをすると、ほかの部分をどれだけ頑張っても、よい結果にはつながりません。

物事を捉えるときに、いきなり「細かい部分」に目を向けてはいないでしょうか。

物事の枝葉の部分に心を奪われていては、物事を理解していくことはできません。

物事を理解するためには、「枝葉」ではなく、「幹」に注目すべきです。

「その木はどこに立っていて、どれくらいの大きさで、樹齢は何年くらいの、なんという種類の木なのか」

こういうことを先に理解しないまま枝葉にとらわれてしまっては、全体は捉えられません。

「葉っぱがギザギザだ」

「枝が何本か折れている」

「白い花が咲いている」

それでは、木の全体像は見えてきませんね。

たとえば、ある会社について理解を深めたい場合にも、全体像を把握したあとに、細部を捉えていくという順番で行いましょう。

・どういうビジネスの仕組みで稼いでいるのか
・その業界は伸びているのか縮小しているのか
・その業界で有名、有力な企業はどこか
・新規参入や、買収や合併などの動きはあるか

このような視点で業界全体をざっくり理解するところから始めます。

その上で「その企業はどうなっているのか」と個別企業に目を向けるのです。もし、業界全体が不調ななかで順調に成長していたら、そこには何か理由があるはずです。

反対に、売上が毎年10％ずつ伸びている成長企業であっても、業界全体が20％ずつ伸びていたら、むしろ弱い企業だと捉えるべきかもしれません。


このように「全体」→「詳細」と順番に捉えていくことで、表面的な理解にとどまらず、理解を深めることができます。

これは、会社や業界の調査だけでなく、あらゆる場面で使えるスキルです。

誰かが作った資料を見たときに、いきなり細部について指摘し始めてはいませんか。全体的に筋が通っている内容なのかどうか、が大切です。大きな部分で間違えていないかを、先に理解してから、細かな部分の話をしましょう。

仕事の評価を受けた際に、褒められた言葉だけ、あるいは、改善するように求められた部分だけ、にとらわれてしまっていませんか。全体として「よい評価なのか、悪い評価なのか」を理解しましょう。

「全体的にイマイチだけど、ここだけはよかった」という評価を受けて「褒められたから大丈夫」と思ってしまっては成長できません。反対に、「全体的によかったが、ここだけはもう少しうまくやってほしい」という評価に対して、必要以上に落ち込んで自信を失うのも困りものです。

大意を捉えてから、細部に進みましょう。

大きな方向性、全体感を先に理解しておくと、根本的な所で間違えることがなくなります。その上で、細かなところに目を向けていけば、物事を深く掘り下げて考えることができます。

「文章を短くする」前に、「長い文章で伝えたいことを書き切る」

「短くすればいい」が失敗を生み出す

簡潔に話したい、端的に伝えたい。そう考える方は多いでしょう。

ビジネスシーンにおいて、「伝える力」の価値は高まる一方です。会議やプレゼンテーション、1 on 1、商談、面接……など、コミュニケーションスキルが役に立つシーンは非常に多いです。

わかりにくい説明や長々しくつまらないプレゼンテーションは評価されません。故スティーブ・ジョブズのプレゼンテーションのように、インパクトのある伝え方には、誰しも憧れを抱くものです。

「わかりやすく、端的に伝えられるスキルを身につけたい」

これは、ありとあらゆる場面で、誰もが願うことです。しかしながら、それと同時に、実はレベルの高いスキルであることを覚えておいてください。

そもそも、「短い文章で表現したい」というのは、相手にわかりやすくズバッと伝えたい、という思いから発せられています。

しかし、わかりやすく伝えるために重要なのは、短いことではありません。

重要なのは、内容がしっかりと練り込まれていることです。

ここで問われるのは、言語化、文章化の力です。

そこでお勧めするのが**「長い文章で、考えていることを、余さず書き切る」**ことです。

言語化、文章化は、とても高度な作業です。ぼんやり感じていること、なんとなく思っていることがあっても、それを言葉にしようとするとなかなかうまくいかないもの。

つまり、自分の頭のなかにあるものを、言葉を用いて具体的に表現してみるまでは「何を考えているのか、自分にもわかっていない」わけです。

自分が何を考えているのか不明瞭な状態で、文章を短くして端的に表現できるはずがありません。

長くても伝えたいことを書き切る

簡潔な文章は、美しく盛りつけられた料理のようなものです。

冷蔵庫に何が入っているのかさえもわからない状態で、どんなふうに料理を盛りつけようかと考えても、うまくいくはずがありません。

まずは、冷蔵庫の中身、「考えていること」を明らかにして、美味しい料理を作ることに専念しましょう。多少、盛りつけが不格好でも、味がよければ料理としては十分に成立します。

文章を短くすることに気を取られるあまり、何を言っているのかよくわからない、なんてことにならないようにしましょう。短いけれど何も伝わってこない文章より、多少長くても内容が伝わる文章のほうが実用的です。

まずは、どれだけ長くてもかまいませんから、可能な限り正しく物事を表現した文章を作りましょう。

その上で「これを、短くできないか？」と考えていけばいいのです。

仮説思考のスキル

「感覚的に答える」前に、「自分なりの考え」を持つ癖をつける

仮説とは何か？

仮説とは「仮の言説」あるいは「仮の答え」のことです。

本当かどうかは定かではないが、おそらくそうなのではないか、と類推した結果です。「あてずっぽう」とは異なり、最低限の理由や根拠があります。

たとえば「明日は、お店が混雑する」と予測した際に、その理由が「なんとなく、そんな気がするから」はあてずっぽうです。しかし、「天気がいいので人出が増える」という理由があれば、これは「仮説」となります。

さらに「毎年この週の売上は、ほかの週よりも多い」「気温が25度を超えると、お客様が増える」などのデータの裏づけがあれば、仮説の精度はより向上します。

もちろん、どこまでいっても仮説は仮説です。当たらないこともあります。しかし、それでも「あてずっぽう」や勘よりも遥かに精度は高く、当たらなかったとしてもその経験がまた次の仮説の糧になります。

この「仮説を持つ」という考え方は、ビジネスの場面では非常に役立ちます。もっとも大きな効果は**「仮説を持って話すと、話が前に進みやすい」**ことです。

仮説は、あなたが一生懸命に考えた、その時点での最高の答えです。これを提示して話をすると、相手は、あなたの考えたものをベースにして、その上にさまざまな情報を付加することになります。仮説がないと、ゼロから積み上げる必要があるところを、仮説という土台を作っておくことができます。

たとえ、仮説が間違っていたとしても、その仮説を考え出すに至った理由や、物事の考え方、捉え方のなかに、少しでも参考になる部分があれば、それで十分に議論の発射台としての役目を果たしてくれます。

「直感に頼る」前に、「データを見る」

「比較」から仮説を作り出す方法

いざ「仮説を作ろう、考えよう」と思ってもそう簡単ではありません。

そもそも仮説作りは、経験が少ない人には、なかなか難しいものです。

なぜなら、仮説は、自分のなかの感覚と、現実世界で起こっていることの差分で作るものだからです。いろいろな場面を経験し、自分のなかに「こんなときは、こうするとうまくいく」「あの会議は、いつもこう進む」などの感覚が養われていけば、目の前の事象と比較して、何と近いとか、どれくらい似ているかなどと考えていけます。

経験が浅いうちは、そうした感覚がないため、「仮説を出せ」と言われても困ってしまうわけです。

そこで、お勧めしたいのが「データとデータを比べる」ことです。言い換えると、**「数字と数字を比べる」「客観と客観を比べる」**などしていきましょう。

先ほどから書いている通り、自分のなかの「主観」が確立されていない状態で、「主観」と目の前の事象を比べることはできません。そこで、目の前の事象を表す「データ＝数字＝客観」と、過去の事象を示す「データ＝数字＝客観」を比較します。データ同士、数字同士を比較すると、考えの起点を作れます。まずは、そこから始めましょう。

今年の夏の販売戦略を考える、という際に、直感に基づいて計画を立てていくのは無謀です。たとえば、

A　昨年の春（4－6月）の売上100

B　昨年の夏（7－9月）の売上120

C　今年の春（4－6月）の売上90

の3つのデータが集まったとします。

そこで、AとCを比べてみると、Cのほうが10%低い。つまり、今年のほうが低迷している。その場合、「今年の夏は、昨年の売上よりも低下してしまうのではないか？」と考えることができます（春と同じ比率で下がるなら、120×0・9＝108まで落ち込みます）。

客観的なデータ、すなわち数字をさらに増やして、週単位で比較してみたり、曜日毎の違いをみてみたり、一昨年もしくは数年前まで遡（さかのぼ）ってみたりすることで、より多くのことに気づくことができるはずです。

もちろん、こうして得られた仮説が正しいのかどうかはわかりません。しかし、こういう考え方で物事を捉える、ということが大切です。

この類推をもとに、上司や先輩に「こういうふうに考えてみた／こんな仮説を持っています」と相談してみましょう（いきなり「報告」してはは絶対にいけません。詳しくは、次節でご紹介します）。

この仮説は、数週間後、数カ月後には、実際にどうなったのかわかります。答え合わせができるわけです。

これを何度も繰り返していけば、自分の立てた仮説とその後に起こった事実が蓄積され、「自分なりの感覚を養う」ことにつながっていきます。

なお、どれだけ豊富な経験があっても、定期的に、データを見て「自分なりの感覚」をアップデートしていくことも忘れてはいけません。

仕事を取り巻く環境は、めまぐるしく変化し続けています。体験に縛られて、身動きが取れなくなってはいけません。柔軟にいきましょう。

「仮説を信じる」前に、「仮説を検証する」

仮説はあくまで仮の答えに過ぎない

自分なりの、その時点の仮の答え、つまり仮説を持つことで、相手との議論ははかどります。ただ、ここで重要なのは「仮説を進化させていくこと」です。

仮説は、あくまでも「仮の答え」ですから、多くの場合は間違っています。誰かと話したり、追加調査を行ったりすることで、より確からしい答えに修正していくことが必要です。

こうした仮説の更新作業を「仮説検証」と言います。一度作った仮説が正しいものであるか検証し、誤っている部分があれば修正していく作業です。

単なる思いつき、あてずっぽうから脱却し、論理的構造的に物事を考える。つまり、自分なりの理由を持つことが「仮説を持つ」ということです。

その仮の答えである仮説を、一度作って満足するのではなく、よりよいものにするのが、仕事の現場における「考える」という作業です。

自らの仮説の根拠、理由について改めて確認しましょう。そして、いろいろなインプットを集めて、仮説に至る思考プロセス、考え方を見直していきましょう。

コンサルタントの仕事であれば、本格的な調査を行ってインプット情報の拡充を図るケースも多いのですが、一般的なビジネスの現場においては、誰かとの会話によって、仮説を検証し、更新していくことが多いはずです。

ここでは、会話によるコミュニケーションに関して、仮説検証のコツを考えていきます。

会話における仮説検証のコツ

コツ1は、「報告」する前に、「相談」することです。

報告と相談の違いについては、本書の前半でも触れましたが、ここで改めてホウレンソウ（報告・連絡・相談）について確認しておきましょう。

「報告」は公式なもので、上司や先輩に判断や意思決定をしてもらうためのものです。「連絡」は、情報共有です。あとから「聞いてない」と言われないための布石を打つことにも使えます。

「相談」は相手から助言・アドバイスを引き出すための、非公式な場として使えます。仮説検証を行う際には「アドバイスをもらう」という前提で、相談の場をセットするのがよいでしょう。そして、そのために、普段から、上司や先輩と相談しやすい人間関係を作っておくことが大切です。

先ほどの「今年の夏の販売戦略」の話に戻り、仮説検証について「相談」してみましょう。先ほども見たように、

A　昨年の春（4－6月）の売上100
B　昨年の夏（7－9月）の売上120
C　今年の春（4－6月）の売上90

の3つのデータから、

・AとCでは、Cのほうが10％低い。つまり、今年のほうが低迷している
・同じ傾向があるなら、今年の夏は、昨年の売上よりも低下してしまうのではないか？（春と同じ比率で下がるなら、120×0・9＝108まで落ち込む）

と、仮説を立てたとします。

これを上司や先輩に話すと、彼らはこの情報をベースにして、あなたの知らない新しい事実を教えてくれます。

たとえば「今年の春は原料輸入が止まって生産が追いつかなかった。夏に向けて増

産体制を組んでいて、落ち込みを取り返す」などという回答が得られました。

さて、これを聞いて、あなたは何を考えますか。


私なら、「増産に耐えられるだけの販売体制を整えないといけないが、商品の流通網は問題ないのかな」とか、「春に取れなかった需要は、それから3カ月後の夏でも取り返せるものなのか？　お客様が、春の時点でほかの商品を買ってしまったら、夏に増産した分は売れ残ってしまうのでは？」といったことを考えると思います。

これが、**最初の仮説に、追加情報を加味して、進化させていく**ということです。

また、こうした疑問も「なぜか？」「どうしてか？」というオープンクエスチョンではなく、YES・NOで答えられるクローズドクエスチョンになっていることに注目してください。

こうした議論を重ねていくことで、あなたの仮説は、どんどん磨き上げられていきます。

非公式な場でフィードバックをもらう

ひとつの仕事が終わったときに、お客様や上司、先輩との打ち上げが設定されることも多いと思います。そこは仮説検証の最大のチャンスです。**狙うべきタイミングは、場が少し打ち解けてきてから、話しかけたい相手が酔っ払ってしまうまで**です。

仮説は、仕事が始まる前にも検証しますし、仕事を推し進めていく間にも検証し続けています。そして、H：Harmonize（調和）の節で述べた通り、一連の仕事が終わってから、G：Goal（目的・目標）やR：Route（道筋・打ち手）が正しかったかどうかについても、検証を行う必要があります。

すでにお気づきの通り、プロジェクト開始前に設定したG：Goal（目的・目標）やR：Route（道筋・打ち手）は、その時点での仮説に過ぎません。また、A：Agreement（すり合わせ）もP：Progress（実行・進捗管理）も、その時点でベストと考えられた内容ですから、これも仮説と言えます。

これを確認する場としては、非公式なコミュニケーションが許容される「打ち上げの場」が理想的です。少し苦手な上司や、ちょっと怖かったお客様などにも、この機会にできるだけ話しかけ、積極的にフィードバックをもらいましょう。

自分の仕事ぶりに関してだけでなく、プロジェクトとして得られた成果についても確認してみましょう。もちろん、正直に話してくれない人もいるかもしれませんが、何かしらのインプットをもらうことが重要です。

そして、そこから何を得るか、また、次に活かせるかは、あなた次第です。

なお、最近は、飲み会そのものが減っていますし、打ち上げを行う際にもアルコールを伴わないことも多くなっています。時間帯もランチタイムなどになるケースも増えています。

その場合には、相手の頭は最後までクリアなままですから急ぐ必要はありません。いろいろな話をして、かなり砕けた様子になってから、やや神妙な顔でフィードバックをもらいにいくという手が有効なのではないかと思います。

リモートワークを推進している場合には、ｗｅｂ会議形式で懇親会を行うことになるかもしれません。その場合は、特別な機能がない限りは個別に話をするのが難しいため、諦めざるを得ません。別途、相談の機会をもらいましょう。

仕事を円滑に進めるためには、人間関係は極めて重要です。

どれだけ能力が高く優秀でも、周囲に嫌われてしまうと実力を発揮することが難しくなります。反対に、周りから好かれていると、仕事はとてもスムーズに進みます。みんなが、率先して助けてくれますし、ミスや失敗もカバーしてくれます。

職場における人間関係なんて、つまらないことだと思うかもしれません。また、どうしてもソリが合わない人がいるのは仕方のないことです。

しかし、仕事は仕事です。給料に見合う価値を出すことが求められています。どうせなら、楽しく働きやすい環境で、できるだけ苦労せずに価値を出せるようにしたほうが、あなたも周囲も幸せです。

飲めないお酒を飲む必要もなければ、上司や先輩の自慢話に何度も付き合う必要はありませんが、それでも「人間関係をうまく作るための手段」として、食事会などの場をうまく使っていくのもひとつの手でしょう。

資料作りの順番

「資料の完成度」を上げるよりも、「仮説の完成度」を上げる

資料は作り込まなくていい

仮説について誰かに相談するにあたり、資料を用意することもあるでしょう。そんなときには、**「かなり粗い状態」で確認してもらう**ことをお勧めします。手書きでもかまいません。

ホワイトボードやノートに書きながら話すのもいいでしょう。

リモートワークの場合は、ウェブ会議システムのホワイトボード機能を使ったり、画面共有をしてパワーポイントなどで書き込んでみたり、手書きのメモを写真に撮っ

てメールやチャットツールで送ったりしてもかまいません。

手段は何でもいいのですが、**ポイントは「資料の完成度を上げすぎない」**ことです。しっかり作り切ったものに手直しが入ると、「手戻り」が発生します。「手戻り」は作業効率の観点では、もっとも忌避（きひ）すべきものです。これを最小化させることを考えましょう。

もちろん、時間に十分な余裕があるのなら、可能な限り完成度を上げてから上司や先輩に確認してもらうほうがいいです。そのほうが、資料作成の経験を積めますし、資料の細かな部分まで確認してもらうことができます。スキルアップという観点では、とてもよい訓練になります。

しかし、**仮説検証という場面においては、「仮説が間違っている」ことを前提に取り組んでいく**べきです。

特に、最初に考え出した仮説は、必ず何かの間違いをはらんでいます。そんな状態で美しい資料を仕上げても、大半が無駄になります。資料の出来不出来以前に、内容が間違っているのですからね。

ただし、完成度の低い資料で議論をする際には、先に述べた通り「相談」であると、打ち合わせをセットする時点で明確に伝えなければいけません。

そうしないと「報告」だと誤認され、指標の完成度の低さについて指摘を受けることになります。ほぼ、間違いなく、そうなります。この事態は絶対に避けましょう。

また、この「相談」の場には、

・このプロジェクトの全体の流れはこのようになっていると思うが、合っているか？
・お客様の要望は、この部分が鍵だと思っているので、このような手段を用いて、うまくお応えしたい。それで問題ないか？
・今回の新商品のセールスポイントは、「〇〇だ」と思っているが、違うか？

などのクローズドクエスチョンを用意して臨みましょう。

もちろん、実際に相談する際には、「このような」とか「この部分」などという言葉使わずに、具体的な言葉で内容を書いてください。たとえば、

「私は、新商品のセールスポイントは、これまでの『高級さ』ではなく、『お手軽さ』『気軽に使える』ということだと理解しています。それで間違いないでしょうか？」

というように、自分なりの考えに基づいた仮説を書き切りましょう。

なお「資料」と言いましたが、無理に図形などを使う必要はありません。日本語の文章や、箇条書きなどでもまったく問題ありません。

大切なのは、仮説の内容を伝えることです。

ちなみに、本書のような「書籍」の場合も同様です。

最初に目次案を作り、それぞれの章でどんなことを書きたいか、を私なりに整理して、編集者さんと打ち合わせを行います。

こんなことを書きたい、こういうことを伝えたい、ということを、メールなどでやりとりしながら「こういう感じでよいか」「いや、もっとこういう内容のほうがわかりやすい」などについて、侃侃諤諤（かんかんがくがく）と議論していきます。

こうした手順をすっ飛ばして、いきなり本文を書き始めても、企画の方向性がズレていた場合には、それまでに書いたものがすべて無駄になります。

そのため、しっかりと壁打ちを行い、徐々にすり合わせていって、私が最初に書きたいと思ったもの（仮説）を、読者の皆さんのニーズに合致するように修正していくわけです。

ぜひ、打ち合わせに向けた準備の際には、「資料の完成度」ではなく、「仮説の完成度」を上げることに時間を使うようにしてください。

資料作りで大切な考え方

○デザインはどうする？
○順番はどうする？
○色は？
○言葉遣いは？
調査分析から
上がってきた仮説は
本当に正しいか？
もしかすると……

「資料の完成度」よりも「仮説の完成度」を上げる

「自己流でやる前に、「指示・決まり」に従う

「自己流でやりたがる自分」に負けてはいけない

仕事をしていくなかで、私たちは、たくさんの判断を求められます。組織を揺るがすような重大な判断もあれば、小さく個人的な判断もあります。その判断の大小にかかわらず、私たちに求められているのは「その時点でベストと思われる結論」を出すことです。

状況を把握し、今、何が求められているのか、あるいは、何が問題となっているの

かを見極めて、その場その場で、もっとも正しいと思われる判断を下していく必要があります。

その時々の状況に応じて、判断の内容は変わります。そのため、個別の事情に応じた判断方法についてはここでは論じるのは控えます。その代わりに、どんな状況でも普遍的に使うことのできる「判断の基準」をいくつかご紹介していきます。

もっとも大切な判断基準は「自己流でやりたいという欲求に負けない」ことです。多くの人は、自分のやり方、自分の考え方に関してプライドがあります。また、過去の成功体験に基づく自信もあります。

しかしながら、それに過剰に頼ってしまうのは危険です。仕事のやり方は、職場ごと、現場ごとに異なります。一見すると無意味なルールも、それが作られた経緯があります。それを頭ごなしに否定して、無視すると、大きな事故につながるおそれがあります。

ですから、勝手な判断で、自己流を貫こうとするのはやめましょう。無用なリスクを抱える必要はありません。

もし、どうしてもそのやり方やルールに納得がいかないのならば、勝手に変えるのではなく、まず、責任者に確認しましょう。

特に、勝手に目的やゴールを変えることはご法度です。絶対に避けてください。不明な点があれば、確認すればいいのです。

勝手な判断による作業目的の変更は、あなたの抱えている仕事を内包する、「全体」に悪い影響を及ぼしかねません。

とりわけ、若手の方、その仕事に初めて取り組む、もしくは、その領域の経験が乏しい方の場合は、徹底的に「指示に従う」ことを意識したほうがうまくいきます。

自己流のやり方で１２０点、１５０点を目指すのは、とても素晴らしいことです。しかし、まずは、１００点を取ることを目指しましょう。

上司や先輩は、あなたが常に80点、90点を出せる人材なのか、毎回50点、60点くらいの結果にとどまる人材なのか、はたまた、平均を大きく上回ったり大きく下回ったりするバラツキのあるタイプなのかをとても気にします。どのタイプであるかによって、仕事の頼み方が変わってくるからです。

もっとも評価され、組織において重宝されるのは、常に80点、90点を取り続ける人材です。そういう人物であると評価されることを目指すべきです。

そのために、依頼された通りに実施し、100点満点を狙うことが、もっとも確実です。

第1章にも書いた通り、大切なのは守破離の「守」です。守を行うことなくして、破も離もありません。

自己流を編み出して、100点を超える高得点を目指していくのは、「常に80点、90点を期待できる優秀な人材」という評価を得てからでも、決して遅くはないのです。

「仕事を振る」順番

誰かに「仕事を振る」前にやっておくべき5つのこと

後輩や部下、あるいは、手伝ってくれる同僚やパートナー企業の方たちに、仕事をお願いすることがあります。

いわゆる「仕事を振る」というものです。社内・社外にかかわらず、誰かに何かをお願いし、また、自分も何かをお願いされることで、仕事は回っていきます。

あなたが仕事を振る際に、もっとも大切なのは「仕事の中心に、自分がいる」と意識することです。誰かに仕事を渡したからといって、それでおしまいではありません。

もちろん、仕事を「振られた人」が頑張ってやり遂げるべきではありますが、「振った人」つまりあなたにも責任は残り続けます。あなたが誰かに仕事を振ったならば、それが無事に完了するところまで、あなた自身でその仕事の手綱をしっかりと握りしめておく必要があります。

ここでは、そのための手順をご紹介していきます。

1. 全体像を把握する
2. どのカタマリをお願いするのか決める
3. 伝えるべき情報を明らかにする
4. 進捗を確認する
5. 感謝を伝え、褒める

1 全体像を把握する

仕事は分業体制で進んでいきます。あなたが担当しているのも、「大きな仕事」のなかの一部分にすぎませんし、あなたが誰かに渡す仕事は、さらにそのなかの一部ということになります。

最初に、全体像をしっかり把握しましょう。

第2章で述べた、アウトカム（成果）やアウトプット（作成物）の話も思い出してみてください。この仕事で、何を目指し、どういうことを実現しようとしているのか、をまずは明らかにするのです。

たとえば、自動車の部品を作る仕事なら、その自動車がF1のような舗装路を走る高速レースマシンなのか、悪路を走破するラリーカーなのか、一般道を走る大量生産の車なのかで、まったく目的が変わりますよね。

F1やラリーカーは、レースに勝つことが目的なので、部品が高価になってもかまいません。むしろ、重さや強度などに関する厳しい要求に、どのように対応していくのかを考える必要があるでしょう。一方で、一般の車であれば、コストは非常に大きな制約になります。また、長い期間運転されずに駐車場に置きっぱなしにされることも想定すれば、レースカーとはまた違った耐久性を求められることになります。

2 どのカタマリをお願いするのか決める

全体感を理解したうえで、今回の仕事が、そのなかのどの部分の話なのかを見定めましょう。仕事は、ちょうどよいカタマリで渡すことが大切です。

相手の力量、スキルに合わせて、大きすぎず、また小さすぎない、ちょうどよいサイズに仕事を切り出すことが大切です。

たとえば、社員旅行を計画する、という仕事をあなたが担当しているとして、そのなかの、どの部分を後輩や部下にお願いするのか、と考えてみましょう。

まず、仕事を大きなカタマリに分けます。おそらくは「往復の移動方法」「宿泊場所」「アクティビティ（イベント）」というようなカタマリになるはずです。

このうち、移動方法は宿泊場所との結びつきが強いので別々のタスクにするのは非効率です。そう考えると「アクティビティ」は比較的、独立したカタマリとして切り出せそうです。

と、ここで「アクティビティを考えて」と投げつけるのは、乱暴すぎます。特に、相手がこの手の仕事に初めて取り組む場合には、何から手をつけてよいのかわからなくなります。そこで、次のようなステップに分けます。

・旅行先のエリアで、どんなアクティビティが可能か、調査してリストを作る
・予算感や制約（雨だと難しい、大人数では一緒に楽しみにくいなど）を整理する

・2、3個のお勧め案に絞り込む

このくらいに砕いておくと、相手が、具体的な作業イメージを持ちやすくなります。

もちろん、相手がこういう作業が得意だったり、過去にうまくできた実績があったりするなら、「アクティビティ選び、よろしく！」とざっくり投げても大丈夫でしょう。

これが、相手に合わせたちょうどよいカタマリ、ということですね。

3 伝えるべき情報を明らかにする

さて、お願いする内容が決まったら、あとは伝えるだけ……ですが、ここで少し工夫を加えましょう。

最初の工夫は、**「全体感をどこまで伝えるか」**です。

もちろんすべて伝えるに越したことはないのですが、情報量が多すぎると相手が受け止めきれないこともあります。

相手の状況に合わせて、あえて「伝える情報を制限する」ことも大切です。だったら最初から全体感なんて考えなくていいんじゃないか、と思ってはいけません。

しっかり考えたうえで、意図を持って絞り込む、という手順が大切です。

次の工夫は、**「前後関係を明確にする」**ことです。

渡す仕事の前に何があり、それによってどういう影響を受けるのか。あるいは、渡した仕事の後ろに、誰がどういう仕事をする予定なのか、などをちゃんと伝えましょう。

先ほどの社員旅行のアクティビティの例ならば、仮に「遊園地に行く」というアクティビティを選んだ場合、交通手段は「貸切バス」になる可能性が高まります。仕事は周囲との分業です。前後の仕事のことは、きちんと伝えておきましょう。

最後の工夫は、納期と品質です。いつまでにやり切る必要があるのか。それが遅れると、どんな影響があるのか。また、仕事の内容によっては、期待する品質についても確認しておきましょう。

社員旅行のアクティビティのリスト作成の場合、「夏だけしか営業していない」「そんなに大人数には対応していない」「人気のため予約できない」などという可能性を潰し込むところまで相手に期待しているのか、まずはそれぞれの予算感までわかっていれば十分なのか、は、求める品質レベルの話です。

ここがズレているとあとで困ります。依頼する時点で、お互いの認識を合わせておきましょう。

4 進捗を確認する

あとは、優秀な部下、後輩が、いい感じに仕事をこなしてくれるのを待つだけです。しかし、本項の冒頭でも述べたように、この仕事の手綱は、仕事を振ったあなたが握り続ける必要があります。定期的に進捗を管理し、状況を確認しましょう。丸投げにして、締め切りまで待つのは危険です。

小さなカタマリで仕事を渡している場合は、それぞれが終わるタイミングで状況報告を受けましょう。一方、大きなカタマリ（先ほどの例なら「アクティビティ選び、よろしく！」）で渡した場合は、渡した時点で、どういう進め方にして、どのタイミングで報告してくれるのかを聞いておきましょう。

大きなカタマリで渡すのは、相手の仕事の力量を信頼してのことです。

そんな力量がある人ならば、報告タイミングを含めた進め方を考えてくれて然るべきです。もし、相手から、進め方についてアイデアが出てこないようならば、こちらで小さいカタマリに切り分けて渡し直すことを検討するべきでしょう。

5 感謝を伝え、褒める

依頼した仕事が終わったら大事な最後のステップ。全力でお礼を言い、働きに感謝の意を示しましょう。そして、仕事ぶりを褒めたたえましょう。

成果に向かって一緒に頑張る仲間とは、今後も、必ず協力する機会がやってきます。そのときのために、良好な関係を築くのが、誰かに仕事をお願いした際の、もっとも大切なミッションです。

仕事の質と効率を高める方法

「質」を求める前に、「量」をこなす

アウトプットの質は「圧倒的な量」でしか上がらない

「仕事の質を高める」と聞くと、あなたは何を思い浮かべるでしょうか。

- 長い時間をかけて、少しずつ良質なものに仕上げていくイメージですか？
- 短期間で求められたものをしっかり作り上げるイメージですか？

どちらも目指すところはほとんど同じですが、前者はアウトプットの質の話をしていて、後者はプロセスの質の話をしています。

アウトプットを磨き上げていき、その品質が最高レベルまで到達することを目指す。これが「アウトプットの質を高める」ということです。時間がかかっても、かからなくても、どちらでもかまいません。

一方、アウトプットを作り出す途中のプロセス（手順）を、徹底的に効率化、高速化していくことを目指す考え方もあります。これが「プロセスの質を高める」です。

この場合も、アウトプットの品質に対するこだわりはもちろんあるでしょうが、相手の求める水準を満たしていれば、それでいいと捉えることもできます。


理想を言えば、アウトプットの質、プロセスの質の両方が高いことが望ましいに決まっています。とても高い品質のアウトプットを、短期間で効率的に生み出せるなら、それに越したことはありません。

ただ、ご存じの通り、その状態になるのはそんなにたやすいことではありません。だから、みんな苦労しているわけです。

そこで、大切になるのが「量」です。アウトプットの質を高めるにせよ、プロセスの質を高めるにせよ、経験を積み、知識を得る以外の道はありません。知識は書籍などからも得ることができますが、実践してみないと身についたかどうかわかりませんから、学習と実践を繰り返していく必要があります。このサイクルを、とにかくたくさん回すことに注力しましょう。

量をこなさないで、いきなり質を求めるのは無謀です。

もちろん、「無駄な努力」はしないほうがいいのですが、「必要な努力」と「無駄な努力」の違いは、あとで振り返ってみないとわかりません。振り返っても、どちらなのかわからないこともあるくらいです。

ですから、とにかく「量をこなす」ことに専念する時期を作りましょう。

論理的な資料を作りたいなら、機会があるごとに資料を作りましょう。論理構成を複数の上司や先輩にチェックしてもらい、多様な考え方を学びながら、どんどん資料作りの腕前を磨きましょう。

営業活動なら、積極的にお客様と会話しましょう。電話でも、訪問でも、ｗｅｂ会議でも、会社の事情や取り扱う商品の内容によってやり方は異なるでしょうが、まずはできる限りの回数をこなすのです。まぐれ当たりのホームラン一発に慢心せず、出塁率を上げられるように数をこなしましょう。

本を読むのなら、毎日一冊読んでもいいくらいです。頑張って読んでいれば、自然と早く読めるようになります。特に同じ領域の本を読み続けていると、「すでに知っていること」が増えるため、大半を読み飛ばしても問題ない状態になります。

効率的にやりたい。無駄なことはしたくない。その気持ちは痛いほどわかります。しかし、そういう考え方にとらわれすぎることで、かえって成長速度が低下してしまうこともあるのです。

何が無駄なのかは、終わってみてから考えることにして、とにかく愚直に経験量、知識量を増やすことに専念する期間を設けてみましょう。

おわりに

社会人になったときの、私の仕事はシステムエンジニアでした。世の中は、「システム」の果たす役割が大きくなり、システムを使う機会が増えてくる。そうなったときに中身を理解しておくほうが、システムを使う立場においても役に立つ。そう考えたからです。

そうして始めたシステムエンジニアの仕事においては、「世の中のすべてを、定められた処理手順（アルゴリズム）で理解する」ことが求められました。

数年間の経験を経て、次に進んだコンサルティングの道では、「圧倒的な情報量を、尋常ではない速度で処理し、誰よりも深く考えて、もっとも確からしい答えを出す」という仕事をしていました。

この経験は、ミスを減らしながら手早く作業を進める方法とともに、成果を出すために執着心を持つことの大切さを教えてくれました。

こうして学んできたことを踏まえて、その後、私は起業の道へと進みます。ビジョナリーな社長と、実行力の高い取締役とともに立ち上げたので、私は「物事を整理し、滞りなく進めるために計画する」ことを担当しました。

創業してから十年が経ち、社員も増え、事業も大きくなりました。ひとつの目標であった東京証券取引所への上場も果たすことができました。

会社を作ってからの十年間は、取締役を務めつつ、それまで通りコンサルタントとして、クライアント企業をご支援する活動も行ってきましたが、それに加えて、自社の事業戦略策定、組織設計、制度設計、広報・IR戦略策定、マーケティング戦略策定などにも取り組んできました。

そんな多様な仕事をするなかで、私が意識してきたのが「仕事の順番」です。「GRAPH」は、私の考えた方法論です。語呂合わせです。リーダーの目線、実行者の目線、相手の目線を切り替えていく「目線の移動」が、折れ線グラフのようにみえる、というところから思いつきました。

言葉は新しく作りましたが、その内容は、とても基本的で本質的なものです。何も目新しくないと思います。

私が若手コンサルタントの頃に叩き込まれたことがベースになっています。そして、それをシステムエンジニア時代に身につけた「処理手順に落とし込んで理解する」ことで体系化した昔から変わらない、当たり前の内容です。

そんな極めて当たり前の内容であるにもかかわらず、あえてこの本を書こうと思ったのは、システムエンジニアでも、コンサルタントでも、会社経営でも、事業運営でも、結局は、すべて「同じ方法論」でうまくいく、という確信を得たからです。

最初に目的を定める。どこに向かうのかを明らかにする。

そこに向かう道筋を定める。

目的や道筋が、間違っていないかチームで確認する。

合意した方針に従って、仕事を進める。

目的地に到着したことを確認し、次に向けて準備を始める。

このステップを、営業の現場でも、企画会議でも、戦略検討でも、商品開発でも、ありとあらゆる仕事の場面で、私は実践してきました。

ひとりで行う仕事でも、少人数のチームで行う仕事でも、大規模な組織を動かす仕事でも、本質的には同じです。

この本を手に取り、お読みいただいたあなたが、今、目の前にある仕事の生産性を高めていくのにお使いいただくのみならず、その先の、昇進や転職・キャリアチェンジ、場合によっては起業する場合にも、きっと役立つ「仕事の順番」だと思います。折に触れて、読み直してみていただけると嬉しいです。

2023年3月

田中耕比古

【著者プロフィール】
田中 耕比古（たなか・たがひこ）

株式会社ギックス　取締役 / 共同創業者
1977年生まれ。2000年、関西学院大学総合政策学部卒業。商社系SI企業に入社。米国ソフトウェアベンチャーへの技術研修員派遣により、サンフランシスコ勤務。

2004年、アクセンチュア株式会社戦略グループ入社。通信業、製造業、流通・小売業などの多様な業界の事業戦略立案からSCM改革、業務改革に至るまで、幅広い領域でのコンサルティングプロジェクトに参画。

2011年、日本IBM株式会社入社。ビッグデータのビジネス活用を推進。

2012年、株式会社ギックス設立。取締役に就任。戦略コンサルティングとデータ分析を融合した、効率的かつ実効性のあるコンサルティング・サービスを提供。

2022年、東京証券取引所マザーズ市場（現グロース市場）に新規上場。

著書に『一番伝わる説明の順番』（フォレスト出版）、『数字力×EXCELで最強のビジネスマンになる本』『論理思考×PowerPointで企画を作り出す本』（共に翔泳社）、『デキる人が「当たり前」に身につけている！仕事の基礎力』（すばる舎）などがある。

ブックデザイン：小口翔平＋畑中茜（tobufune）
図版／イラスト：二神さやか
DTP：野中賢（システムタンク）
編集協力：鹿野哲平

仕事の「質」と「スピード」が上がる**仕事の順番**

2023年4月3日　初版発行

著　者　田中　耕比古
発行者　太田　宏
発行所　フォレスト出版株式会社
〒162-0824 東京都新宿区揚場町2-18　白宝ビル7F
電話　03-5229-5750（営業）
03-5229-5757（編集）
URL　https://www.forestpub.co.jp

印刷・製本　日経印刷株式会社

ISBN978-4-86680-223-7　Printed in Japan